Martin Gries

Vom Sommerfest zum Fundraising-Event

Martin Gries

Vom Sommerfest zum Fundraising-Event

BELTZ

Impressum

Herausgegeben von der Redaktion klein&groß

Ihre Wünsche, Kritiken, Fragen richten Sie bitte an:
Verlagsgruppe Beltz
Fachverlag Soziale Arbeit, Erziehung und Pflege
Pestalozzistr. 5-8
13187 Berlin
Tel.: 030/48839015
Fax: 030/48839020
E-Mail: e.grueber@beltz.de

© 2002 by Beltz Verlag · Weinheim, Berlin, Basel
Titelbild: Emilio Ereza, Mauritius
Layout und Umschlagestaltung: Dieter Heidenreich
Druck: Gutenberg Druckerei, Weimar
Printed in Germany, September 2002

ISBN 3-407-56204-7

Inhalt

36 *C* Konkrete Vorbereitungen

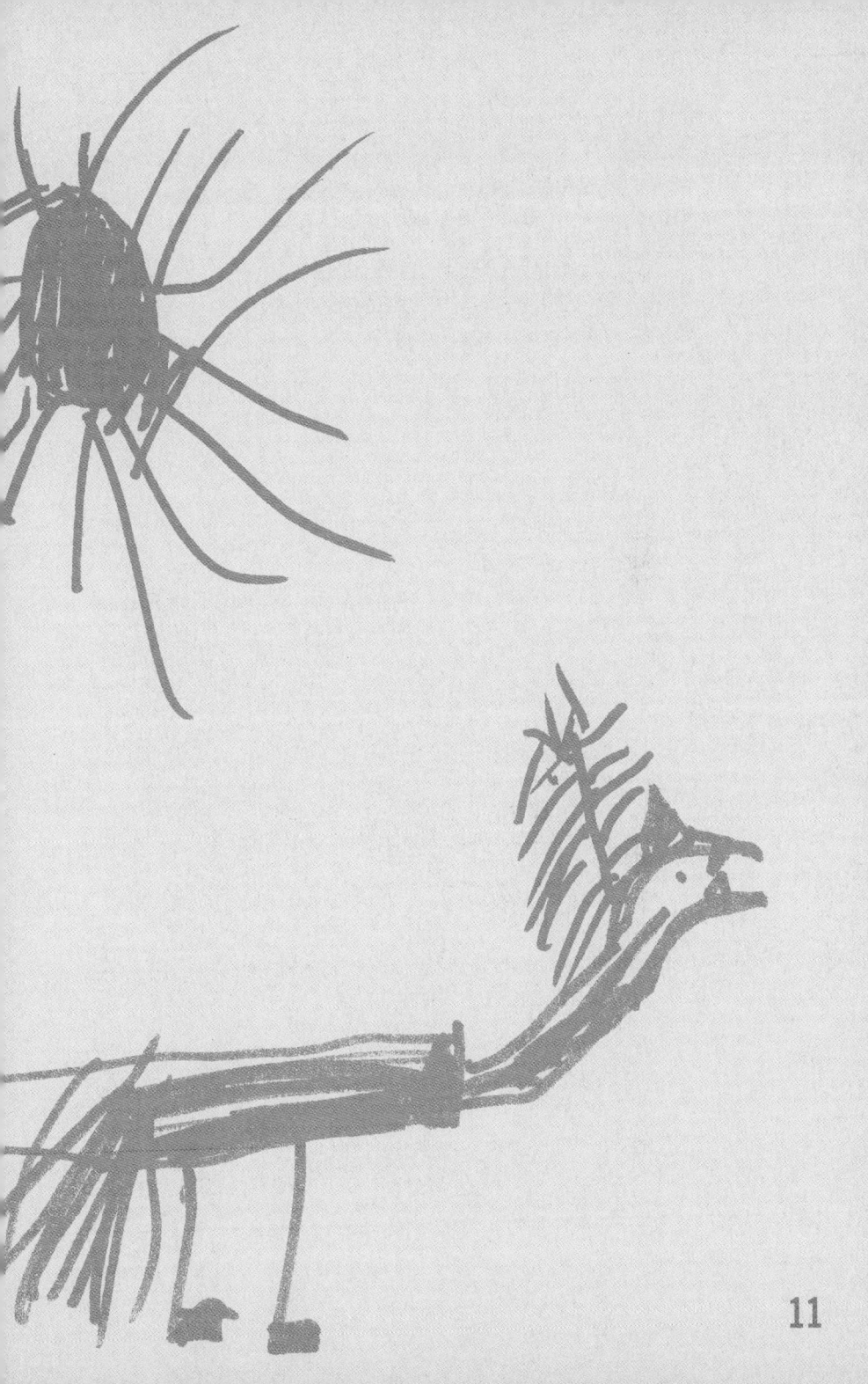

11

Einleitung
Vom Sommerfest zum Fundraising-Event

»Vom Sommerfest zum Fundraising-Event« ist ein Praxis-Handbuch. Es richtet sich an alle, die professionell sozial arbeiten und mehr Ideen haben, wie sie den gemeinnützigen Zweck ihrer Einrichtung erfüllen können, als ihnen Zeit und Geld zur Verfügung steht. Also vielleicht für Sie! Mit dem Buch möchte ich Ihnen Mut machen, die Tradition eines Fundraising-Events ins Leben zu rufen, ohne vorher große Summen investieren zu müssen.

Fundraising-Events sollen zwar auch Geld einbringen, wichtiger sind allerdings die Bedeutung des Ereignisses für die Öffentlichkeitsarbeit und das Knüpfen und Pflegen von zahlreichen Kontakten. Dafür liefert das Buch Grundlagenkenntnisse des Fundraisings, konkrete Hilfen bei der Planung und zahlreiche Ideen.

Im Speziellen richte ich mich an kleinere soziale Einrichtungen, die mit Kindern arbeiten. Das können Vereine, Schulen oder Kindergärten sein. Der Einfachheit halber ist im Buch immer von Kindergärten die Rede. Die Überlegungen, Checklisten und Ideen gelten aber für alle, die mit Kindern arbeiten.

Sie können das Buch natürlich hintereinander, in einem Zug, lesen, wenn Sie Lust dazu haben, sich aber auch - je nachdem, was Sie brauchen - wie in einem Baukasten daraus bedienen. Während der Organisation der Veranstaltung können Sie es als Nachschlagewerk für die verschiedenen Checklisten nutzen.

Im ersten Abschnitt erkläre ich die Begriffe Fundraising und Fundraising-Event. Es geht um die Bedeutung von Öffentlichkeitsarbeit für das Fundraising und die verschiedenen Fundraising-Arten. Sie bekommen Hilfestellungen für die notwendigen ethischen und juristischen Vorüberlegungen und erfahren, wie wichtig kontinuierliche Beziehungen zu Förderern sind. Es geht um die Vorteile eines Events als Fundraising-Methode und um den Spaß aller Beteiligten, der ei-

ne Schlüsselrolle dabei spielt. Sie lernen die Grundformen von Fundraising-Events kennen.
Im zweiten Abschnitt geht es um die konkrete Planung. Anhand von Checklisten, Tipps und Hilfestellungen bringen Sie eine Struktur in die Planung Ihres Fundraising-Events: von der Wahl des Förderprojekts, dem Sponsoring, der Öffentlichkeitsarbeit, der Gestaltung des Rahmenprogramms für das Event bis zur Organisation des Veranstaltungstages.

Im dritten Teil habe ich eine umfangreiche Ideensammlung mit Spielregeln, Materiallisten und Anregungen für eigene Ideen zusammengestellt. Für alle wichtigen Formen von Fundraising-Events gibt es Beispiele. Lassen Sie sich inspirieren vom Turmbau zu Babel oder vom Seifenblasenfestival, von der Papierflugmeisterschaft, der fantast-o-mobilen Oldtimerschau, dem Gummientenrennen oder dem singenden Adventskalender.

Im abschließenden Kapitel zeige ich Ihnen, wie Sie das Ereignis nachbereiten und die Nachbereitung gleich zur Vorbereitung für das nächste Jahr nutzen können.

Im Anhang finden Sie nützliche Adressen und Literaturtipps.

Viel Spaß beim Lesen.

Martin Gries

Grundsätzliche Überlegungen zum Fundraising

1. Fundraising allgemein

1.1. Der Begriff

Der Begriff Fundraising stammt aus dem Englischen und setzt sich zusammen aus den Wörtern »fund« und »to raise«. »Fund« bedeutet übersetzt Geld oder Kapital und »to raise« etwas aufbringen. Fundraising heißt also wörtlich übersetzt: Kapital aufbringen.
In den USA spielt Fundraising seit langem eine große Rolle. Dort hat das Engagement von wohlwollenden Bürgern für soziale, kulturelle und politische Einrichtungen immer schon eine große Bedeutung.

Fundraiser sind Möglichmacher
Eine soziale Einrichtung hat ein Ziel. Die Mitarbeiter entwickeln Ideen, wie sie diese Ziele verwirklichen können. Die meisten Ideen scheinen utopisch und völlig unmöglich. Sie landen im Papierkorb – oft sogar schon im Papierkorb der unausgesprochenen Gedanken. Das ist der Moment, in dem die soziale Einrichtung einen Möglichmacher braucht. Er rettet vor der Stagnation.
Es ist die Aufgabe von Fundraisern, etwas zu ermöglichen. Oft ist die Arbeit am Fundraising langwieriger und zäher als die Arbeit an der eigentlichen Umsetzung der Idee.

Fundraisier sind Begeisterer
Der Fundraiser hat nur ein Mittel, mit dem er die Ideen retten und möglich machen kann: Er muss andere Leute von diesen Ideen begeistern. Dazu muss er selbst von der Idee begeistert sein. Nur dann kann er den Funken auf Außenstehende übertragen.

1.2. Öffentlichkeitsarbeit

Wenn Sie Unterstützung beim Neugestalten Ihrer Außenanlage oder beim Bau der neuen Bewegungsbaustelle suchen, müssen Sie mit dieser Idee »nach draußen« gehen, in die Öffentlichkeit. Fundraising ist Teil der Öffentlichkeitsarbeit einer sozialen Einrichtung. Deshalb ist es notwendig, sich mit den Grundlagen von Öffentlichkeitsarbeit auseinanderzusetzen, bevor man ein Fundraising-Event für seine Einrichtung in Angriff nimmt.

Fundraising ist Öffentlichkeitsarbeit

Warum Öffentlichkeitsarbeit?

Der Kindergarten steht in ständigem Kontakt mit zahlreichen Menschen – Kindern und Eltern, Nachbarn, Steuerzahlern, Verwandten der Kinder, Fachberatern, Gewerkschaftsvertretern, Mitarbeitern, Angehörigen der Mitarbeiter, Angestellten der Kommunalverwaltung, Mitarbeitern von Ämtern und Schulen, aber auch mit dem Laden von nebenan. Ebenso mit Regionalpolitikern, Ärzten und Therapeuten, Mitarbeitern der Verwaltung des Trägers und vielen anderen. Der Kindergarten ist eng mit der übrigen Gesellschaft verzahnt. Jedes Handeln des Kindergartens wirkt zwangsläufig nach außen, in die Öffentlichkeit. Es ist die Frage, ob diese Öffentlichkeitswirkung planlos entsteht oder ob Sie sie durch gezielte Öffentlichkeitsarbeit steuern.

Öffentlichkeitsarbeit sichert den Kindergarten

Ein anderer zwingender Grund für eine aktive und planvolle Öffentlichkeitsarbeit ist die Finanzierung der Kindergärten. Kindergärten werden fast ausschließlich mit Steuergeldern finanziert. Der Kindergarten hat die Pflicht zur Transparenz, damit die Steuerzahler erfahren können, was mit ihren Geldern geschieht.

Öffentlichkeitsarbeit ist nicht die »Kür« eines Kindergartens, sondern seine Pflicht. Sie sichert langfristig sein Bestehen.

Welche Ziele stellt sich die Öffentlichkeitsarbeit?

Sie wünschen sich glückliche Familien, die über Ihren Kindergarten auf dem Wochenmarkt Gutes reden? Ein lobendes Wort von Ihrem Träger? Einen Kommunalpolitiker, der im richtigen Moment die Hand hebt? Der Handwerksmeister, den Sie um einen Gefallen bitten möchten, soll Ihnen zuhören?

Ganz gleich, wie die konkreten Ziele Ihrer Arbeit zur Zeit aussehen, sie lassen sich zu den übergeordneten Zielen Interesse, Anerkennung

und Unterstützung zusammenfassen. Jedes Fundraising und jede Öffentlichkeitsarbeit laufen in diesem Dreiklang ab. Die Ziele bauen dabei aufeinander auf.

Interesse:

Jemanden, dem Ihr Kindergarten egal ist, werden Sie nicht erreichen. Sie müssen ihn zunächst für Ihre Arbeit interessieren. Das ist der erste Schritt Ihrer Beziehung.

Anerkennung:

Als nächstes können Sie dem Interessierten zeigen, dass Sie dieselben Werte verfolgen wie er und mit Ihrer Arbeit diesen Werten dienen. Dann werden Sie Anerkennung von ihm bekommen.

Unterstützung:

Anschließend können Sie eine Situation schaffen, in der Sie die Möglichkeit bieten, dass die Person Ihnen bei Ihrer Arbeit hilft. Auch sie kann so die gemeinsamen Werte unterstützen.

Die Ziele der Öffentlichkeitsarbeit von sozialen Einrichtungen sind Beziehungen. Beziehungsziele können Sie nicht mit kurzfristigem Agieren erreichen. Planen und handeln Sie langfristig.

Adressatenbezogenes Denken

»Öffentlichkeit« ist ein diffuser Begriff. Dabei handelt es sich doch um konkrete Menschen, über die Sie bereits eine Menge wissen. Am Anfang jeder Öffentlichkeitsarbeit steht die Analyse Ihrer Adressatengruppen. Stellen Sie sich folgende Fragen:

Wen wollen Sie mit Ihrer Öffentlichkeitsarbeit erreichen?
In welchen Situationen sind welche Gruppen besonders aufnahmebereit für Ihre Arbeit?
Mit welchen Medien und Mitteln können Sie diese Gruppen in diesen Situationen erreichen?
Mit welchen Argumenten erreichen Sie diese Gruppen in diesen Situationen mit diesen Medien?

Jede Adressatengruppe Ihrer Öffentlichkeitsarbeit benötigt ein spezielles Vorgehen.

Wenn Sie versuchen, alle Adressaten mit denselben Mitteln zu errei- chen, werden Sie letztendlich niemanden erreichen. Eltern wollen von Ihnen zum Beispiel hören, dass Sie eine verlässliche und vor- bildliche Pädagogik verfolgen und ein ausgeprägtes Dienstleistungs- verständnis haben.

Wer alle gleich erreichen möchte, erreicht niemanden

Beispielargumente:
Sie sind Experte in Fragen der Entwicklungspsychologie. Sie halten sich ständig auf dem aktuellen Stand des Wissens und geben Ihr Wissen gerne an die Eltern weiter. Sie richten sich mit Ihrem An- gebot nach den Bedürfnissen der Eltern.

Jede Adressatengruppe braucht eigene Argumentation

Bei einem Kommunalpolitiker betonen Sie vielmehr, wie wichtig Ihr Kindergarten im Leben der Gemeinde ist und welchen sozialen Ge- winn die Kommune durch den Kindergarten erreicht.

Beispielargumente:
Sie ermöglichen den Eltern Berufstätigkeit. Das bringt der Kommune Steuereinnahmen. Sie sorgen für ein kinderfreundliches Wohnum- feld und sichern der Kommune gerade in Zeiten der drohenden Über- alterung eine gesunde Altersstruktur.

Jede Adressatengruppe braucht andere Medien.

Beispiele:
Eltern lesen Ihr Faltblatt viel eher als der Kommunalpolitiker.
Ein Kommunalpolitiker besucht eher eine Ausstellung als Eltern.

Jede Adressatengruppe braucht eigene Medien

Emotionen beachten
Entscheidungen werden emotional getroffen. Sie müssen Ihre Bot- schaften emotional vermitteln. Stellen Sie sich vor, Sie stellen neuen Eltern den Kindergarten vor. Es ist wenig hilfreich, zu betonen, dass der Turnraum 127 Quadratmeter groß ist und der Garten 600 Qua- dratmeter misst. Sie wollen zeigen, dass das Kind dieser Eltern sich bei Ihnen wohl fühlt, dass bei Ihnen eine großzügige und freundliche Atmosphäre herrscht. Diese Eltern gehen mit dem *Gefühl* nach Hau- se, dass Ihr Haus das richtige ist oder nicht. Sie sammeln keine nüch- ternen Fakten über den Kindergarten.
Menschen geben sich gerne der Illusion hin, dass ihre Entscheidun-

Entscheidungen werden emotional getroffen

Argumentieren Sie emotional

gen auf rationalen Fakten beruhen. Tatsächlich werden Entscheidungen aber emotional getroffen. Deshalb stellen Sie sich immer zuerst die Frage, welche Emotionen Sie bei Ihrem Gegenüber wecken wollen.

Pädagogik und Öffentlichkeitsarbeit

Öffentlichkeitsarbeit braucht: Offenheit, Echtheit, Kompetenz, Kontinuität

Öffentlichkeitsarbeit und Pädagogik gehen Wechselwirkungen ein. Sie können Ihrer pädagogischen Arbeit nicht einfach Öffentlichkeitsarbeit überstülpen, ohne sonst etwas zu verändern. Ihre pädagogische Arbeit muss gekennzeichnet sein von Offenheit, Echtheit, Kompetenz und Kontinuität.

Offenheit:
Wenn Sie mit Öffentlichkeitsarbeit Ihre Ideen nach »draußen« tragen wollen, lassen Sie automatisch auch das »Draußen« in den Kindergarten. Sie haben eine offene Einstellung gegenüber den Einflüssen von außerhalb des Kindergartens. Sie heißen Besucher willkommen. Wenn Sie lieber hinter sich die Gruppenraumtür schließen, damit Ihnen bei der Arbeit niemand zusieht und reinredet, können Sie keine Öffentlichkeitsarbeit und auch kein Fundraising durchführen.

Echtheit:
Sie können mit Öffentlichkeitsarbeit keine Mängel überschminken. So wie Sie sind, müssen Sie sich nach außen präsentieren. Und das ist auch das Beste, was Sie tun können. Ein lebendiger Einblick in Ihren Alltag schafft bleibende Emotionen und enge Beziehungen können wachsen.
Wenn Sie lieber Grinse-Gruppen-Fotos inszenieren oder Gedichte aufsagende Kinder vorführen möchten, sind Sie in solchen Momenten nicht echt. Das spürt man außerhalb des Kindergartens.

Kompetenz:
Sie und Ihre Kolleginnen sind Expertinnen für Kinder. Sie bilden sich ständig weiter, haben sich spezialisiert und geben Ihr Fachwissen gern weiter. Sie und Ihr Team sind für Außenstehende Ansprechpartner in allen Fragen rund um das Thema »Kinder«. Sie geben klare Auskünfte. Das erwartet man von Ihnen.
Es ist leicht, auf Fragen zu antworten: »Das weiß ich auch nicht so genau.« So vermeidet man, persönliche Verantwortung zu überneh-

men. Der Schaden für das Image Ihrer Einrichtung ist allerdings dauerhaft. Viele Kindergärten sind in Organisationsformen, die es verdeckt fördern, dass Verantwortlichkeiten nicht von vielen getragen werden. Arbeiten Sie dagegen an.

Kontinuität:
Sie planen Ihr Handeln langfristig und zielgerichtet. Sie halten Absprachen verlässlich ein. Es gibt in Ihrer Einrichtung für jedes Thema über lange Zeit feste Ansprechpartner. Ihr Engagement ist dauerhaft. Wenn man merkt, dass Sie sich nur für kurze Zeit von Ihrer Schokoladenseite gezeigt haben, danach aber die Beziehung nicht mehr pflegen, ist der Schaden groß und nachhaltig.

Schulen Sie Ihre Selbstwahrnehmung. Wenn Sie sich bei folgenden Punkten entdecken, müssen Ihre Alarmglocken läuten:

Selbstwahrnehmung trainieren

Verheimlichen
Natürlich möchten Sie einen positiven Eindruck machen. Sie sollten aber nie etwas verheimlichen. Das ist keine Basis für ein langfristiges, vertrauensvolles Miteinander.
Sie kennen das aus Ihrem eigenen Alltag: Jemand will Ihnen zum Beispiel ein gebrauchtes Auto verkaufen. Er verheimlicht Ihnen aber, dass der Auspuff seine besten Zeiten lange hinter sich hat. Das spüren Sie im Gespräch. Sie merken, wie er bestimmte Themen zu vermeiden versucht. Sie werden misstrauisch. In Zukunft werden Sie dieser Person auch in anderen Belangen nicht mehr trauen.

Schönfärben
Wenn Sie etwas bunter und strahlender reden, als es ist, verlieren Sie an Glaubwürdigkeit. Ihr Gegenüber hat Augen im Kopf und bemerkt Ihre Absicht.
Wieviel Vertrauen bringen Sie zum Beispiel Reisekatalogen noch entgegen, wenn Sie »Fenster zum Meer« lesen? Man nimmt erst einmal an, dass das Fenster zwar in Richtung zum Meer liegt, bestimmt aber ein Wolkenkratzer die Sicht verstellt.

Betteln
Sie wollen ein langfristiges Miteinander auf gleicher Ebene mit Ihrem Gegenüber. Betteln kann man nicht auf einer Ebene. Beim Betteln

gibt es immer ein Beziehungsgefälle. Betteln berührt unangenehm. Sie schaffen unangenehme Emotionen. Ihr Gegenüber wird Distanz schaffen. Betteln hat nichts mit Bitten oder Anbieten zu tun.

Schmeicheln
Menschen haben eine sensible Antenne dafür, ob jemand ein Kompliment machen oder schmeicheln möchte. So positiv das Kompliment wirkt, so verheerend sind die Folgen der Schmeichelei.

Manipulieren
Versuchen Sie nicht, den anderen in eine Richtung zu lenken, von der Sie wissen, dass er dorthin nicht will. Vielleicht gelingt es Ihnen für den Augenblick, dass der Manipulierte nicht bemerkt, was geschehen ist. Im Nachhinein wird er sich an die manipulierende Situation mit einem unguten Gefühl im Bauch erinnern.

»Fachchineseln«
Reden Sie kein »Fachchinesisch«. Es grenzt den anderen aus und schafft Distanz. Das zu beachten fällt Pädagogen leider ähnlich schwer wie Handy-Verkäufern.
Die Fachbegriffe der Pädagogen wirken so alltäglich und harmlos, zum Beispiel »vorbereitete Umgebung«, »offen arbeiten« oder »nach Reggio arbeiten«.
Aber genau wie beim Handy-Verkäufer verstecken sich komplexe Konzepte, die nur Fachleute kennen, hinter diesen scheinbar alltäglichen Begriffen.

Belehren
Beim Belehren erhöhen Sie sich über den anderen. Wieder gibt es ein Beziehungsgefälle. Niemand lässt sich gerne belehren. Man vermeidet fast instinktiv solche Situationen. Sie können jemanden über Ihr Fachgebiet informieren, ohne ihn zu belehren.

1.3. Fundraising-Arten

Spenden
Die bekannteste Fundraising-Art ist die Spende. Eine Person oder ein Unternehmen unterstützt die Arbeit einer gemeinnützigen Einrich-

tung mit Geld. Dafür erhält die Person oder das Unternehmen eine Spendenbescheinigung. Ansonsten sind Spenden per Gesetz nicht an Gegenleistungen gebunden.

Ehrenamt

Für gemeinnützige Organisationen ist das Ehrenamt unerlässlich. Ein ehrenamtlicher Mitarbeiter spendet seine Zeit. Er bringt Engagement, Ideen und Zeit unentgeltlich in eine Organisation ein. Die Mehrheit der Deutschen möchte sich ehrenamtlich engagieren.

Sponsoring

Beim Sponsoring handelt es sich um eine vertragliche Vereinbarung zwischen einem Unternehmen und einer gemeinnützigen Einrichtung. Das Unternehmen unterstützt die gemeinnützige Arbeit mit Geld-, Sach- oder Dienstleistungen. Im Gegenzug ermöglicht die Non-Profit-Organisation dem Unternehmen, mit seinem Engagement zu werben. Die Art der Unterstützung und der Werbung wird in einem Vertrag festgehalten.

Stiftungen

Bei Stiftungen hat ein Stifter einen Teil seines Besitzes gestiftet und festgelegt, dass damit auf Dauer ein gemeinnütziger oder anderer Zweck unterstützt wird. Die wichtigsten Stiftungen setzen nicht das gestiftete Kapital für den Stiftungszweck ein, sondern den Kapitalertrag. Bei gemeinnützigen Stiftungen gibt es operative und fördernde Stiftungen. Die operativen führen selbst gemeinnützige Projekte durch. Fördernde Stiftungen unterstützen meist auf Antrag andere gemeinnützige Einrichtungen.

Merchandising

Beim Merchandising handelt es sich um den Verkauf von Waren mit einem Spendenaufschlag. Es wird für gemeinnützige Einrichtungen immer wichtiger. Beim Merchandising müssen steuerrechtliche Bestimmungen beachtet werden.

Bußgeld

In einem Gerichtsverfahren können Personen oder Unternehmen zu Bußgeldzahlungen verurteilt werden. Diese gehen zu Gunsten der Staatskasse oder einer gemeinnützigen Organisation. Die Oberlandesgerichte verteilen auf Antrag zeitlich befristete Berechtigungen für die Bußgeldzuweisungen an Non-Profit-Organisationen.

Events
Fundraising-Events sind jede Art von Veranstaltungen, deren Einnahmen einem gemeinnützigen Zweck zu Gute kommen.

1.4. Ethik

Spannungen wahrnehmen, Entscheidungen treffen

Wer Fundraising-Projekte durchführt, muss ethische Entscheidungen treffen. Sie müssen dafür ethische Spannungen wahrnehmen können, Interessenkonflikte orten und trotzdem Entscheidungen treffen. Dieses Kapitel bietet Ihnen eine Hilfestellung dafür, sich mit den Fragen auseinanderzusetzen, die sich mit den Grenzen des Fundraising beschäftigen.

Unterstützung des Trägers?

Fundraising ist nur zusammen mit dem Träger möglich

Vor dem Fundraising Strukturprobleme lösen

Egal, welche Fundraising-Methode Sie anwenden, Sie brauchen die volle Unterstützung Ihres Trägers. Was selbstverständlich klingt, ist es oft leider nicht. Viele Kindergärten wollen sich gegen den Träger oder zumindest an ihm vorbei an Spender und Sponsoren wenden. In den meisten Fällen liegt das daran, dass die Mitarbeiterinnen das Gefühl haben, der Träger interessiere sich nicht für die Arbeit im Kindergarten, er traue ihnen so etwas nicht zu oder verschleppe ihre Anliegen in den langsam mahlenden Mühlen der Verwaltung. Die Gründe für ein solches Gefühl haben sich oft über Jahre angesammelt. Das können die mangelnde Kommunikation der Gesamtorganisation mit der eigenen Basis, Missverständnisse aus der Vergangenheit, schlechte Öffentlichkeitsarbeit des Kindergartens in Richtung des Trägers, unklare Zuständigkeiten oder überbürokratische Strukturen sein.

Es ist verständlich, dass Sie während der Arbeit mit den Kindern die konkreten Notlagen am deutlichsten sehen. Sie möchten etwas unternehmen, mit Ihrer Energie und Ihrem Tatendrang, und zwar nicht irgendwann, sondern jetzt. Aber Fundraising kann nicht funktionieren, wenn nicht Ihre ganze Organisation dahinter steht. Stellen Sie sich vor, Sie sprechen mit einem potentiellen Spender oder Sponsor, der noch eine weitergehende Frage hat und sich damit an den Träger wendet. Wenn der Träger Ihr Vorhaben nicht unterstützt oder sogar nichts davon weiß, ist der interne und externe Schaden groß. Die negativen Folgen davon spüren Sie eventuell noch Jahre später.

Fundraising ist ein langer Weg. Denken Sie daran, Ihren Träger mitzunehmen. Nur zusammen mit ihm können Sie den Weg gehen. Einige Tipps für das »Mitnehmen«:

- Sehen Sie Ihren Träger als Partner an. Auch wenn er einen anderen Blickwinkel hat als Sie, verfolgen Sie im Grunde dasselbe Ziel. Die Perspektive des Trägers kann eine Bereicherung sein.
- Ihr Träger ist Adressat einer gezielten Öffentlichkeitsarbeit. Dafür brauchen Sie gesonderte Planung und Methoden.
- Lassen Sie Ihren Träger an Ihrem Alltag teilhaben. Nur wenn der konkrete Entscheidungsträger Missstände erlebt hat, wird er sie beseitigen wollen.
- Verschwenden Sie nicht mit halbgaren Vorschlägen die Arbeitszeit Ihres Trägers. Wer einmal gemerkt hat, dass Sie Halbgares servieren, wird beim nächsten Vorschlag vielleicht gleich »Nein« sagen, ohne zu sehen, ob dieses Mal mehr hinter Ihren Vorschlägen steckt.
- Je konkreter die Fragestellung, desto schneller bekommen Sie eine Entscheidung. Ein »Nein«, das sofort kommt, ist besser als ein »Nein«, das erst nach dreimonatiger Wartezeit gesprochen wird.
- Ein »Nein« hat Gründe. Fragen Sie danach. Vielleicht können Sie gemeinsam die Gründe aus der Welt schaffen.

Wenn Sie wirklich gravierende interne Kommunikationsprobleme haben, müssen diese Probleme zuerst gelöst werden.

Form des Fundraisings
Der Zweck des Fundraisings heiligt nicht alle Mittel. Das gemeinnützige Projekt, das Sie umsetzen wollen, und die Methoden des Fundraisings müssen zu jeder Zeit miteinander im Einklang stehen.
Negative Beispiele leuchten jedem ein. Oder können Sie sich vorstellen, eine Veranstaltung zur Drogenprävention von einer Brauerei sponsern zu lassen oder für hungernde Kinder ein 10-Gänge-Bankett zu veranstalten? Bei einem Mädchenförderprojekt bietet sich eher

Der Zweck heiligt nicht alle Mittel

die Zusammenarbeit mit den Soroptimistinnen an als mit den Rotariern.

Auch im Alltag Widersprüche spüren

Aber die praktischen Fragen sind nicht so klar und eindeutig. Oft steckt man in den alltäglichen Problemen rund um das Fundraising und hat nicht den Abstand, um Widersprüche zwischen Zweck und Mittel zu sehen. Zu verlockend ist die helfende Hand, die man eigentlich ausschlagen müsste. Bevor Sie sich an die Arbeit für das Fundraising für Ihre Einrichtung machen, sollten Sie sich bewusst machen, dass Fundraising viel Gutes bewegen kann. Es kann aber auch gegenteilig wirken. Ein Fehler während des Fundraisings kann jahrelange Imageschäden für Ihre Einrichtung, Ihren Träger und Sie persönlich verursachen, die im Nachhinein nur schwer wieder ausgebügelt werden können.

Damit das nicht passiert:

- Teile der Öffentlichkeit werden Ihr Fundraising kritisch begleiten. Den kritischsten Blick sollten Sie selbst darauf werfen.
- Wenn Sie bei einem Schritt Ihres Fundraisings ein flaues Gefühl im Magen haben, überlegen Sie nicht lange, suchen Sie nicht lange nach rationalen Gründen für und wider diesen Schritt. Lassen Sie die Finger davon.
- Teilen Sie sich regelmäßig Zeit für Reflexion in Ihrem Terminkalender ein. Unterstützt immer noch alles, was Sie machen, den gemeinnützigen Zweck?

Verwendung

Sparsamkeit hilft dem Projekt

Gehen Sie sorgsam mit den Geldern der Geber um. Es ist wertvoller als Ihr eigenes. Es wurde Ihnen anvertraut.

Allzu schnell stellt sich beim Umgang mit Geld der Gedanke ein: »Halb so schlimm, es ist ja nicht meins.« Sobald Sie diesen Gedanken in sich flüstern hören, müssen Sie aktiv dagegen angehen. Das gilt auch schon in der Planungsphase, bevor Sie das Geld bekommen haben.

Stellen Sie sich folgende Situation vor:

Sie haben eine tolle Veranstaltung geplant und sind zu Recht stolz auf Ihre Leistung. Nun wollen Sie, dass auch wirklich viele Leute zu dem Event kommen. Deshalb wird ein fröhlich bunter Plakatentwurf zum Druck gegeben. Der Vierfarbdruck ist zwar nicht ganz billig, aber …

das wird die Veranstaltung schon wieder einbringen. Sicher wird die Veranstaltung das tun, aber je mehr Geld Sie im Vorfeld ausgeben, desto weniger Geld bleibt nachher für das gemeinnützige Projekt. Wenn Ihre Gäste Getränke mit einem Euro Spendenaufschlag zu Gunsten eines naturnahen Außengeländes trinken, möchten sie nicht, dass 40 Cent davon schon für den Vierfarbdruck Ihres Plakats und das Hochglanzpapier der Einladung ausgegeben werden. Nicht nur, dass großzügiges Geldausgeben während der Planung des Events und der Durchführung des Projekts unethisch ist, da es dem eigentlichen, gemeinnützigen Zweck Mittel vorenthält. Es signalisiert außerdem nach außen, dass Sie so hilfsbedürftig nicht sein können.

Einige Hilfestellungen für den sorgsamen Umgang mit den Geldern, die Ihnen anvertraut worden sind:

- Stellen Sie klar, wer die Ausgabenverantwortung hat und wer diese Person überprüft. Das hat nichts mit Misstrauen zu tun. Fehler machen wir alle.
- Planen Sie Ihre Ausgaben möglichst langfristig. Spontane Ausgaben sind häufig zu teuer.
- Vergleichen Sie Preise, suchen Sie gemeinsam im Team nach Alternativen. Nehmen Sie notfalls von liebgewonnenen Ideen Abschied, wenn sich herausstellt, dass sie zu teuer sind – auch wenn es schwer fällt.
- Führen Sie über Ihre Ausgaben Buch. Im ersten Jahr wird nicht alles optimal laufen. Mit Ihren Aufzeichnungen können Sie sicherstellen, dass es im nächsten Jahr besser wird.
- Viele Menschen bewegen sich bei der Organisation eines Fundraisings auf ungewohntem Gebiet. Es ist normal, dass Sie unsicher sind. Zögern Sie nicht, nach Hilfe zu fragen.

Fundraising ist kein Selbstzweck. Sichern Sie zu jeder Zeit, dass möglichst viel Geld dem gemeinnützigen Projekt dient.

Transparenz
Ein Fundraising-Projekt kennt kein Bankgeheimnis. Was Sie privat mit Ihren Finanzen machen, geht niemanden etwas an. Mit den Geldern, die Ihnen für ein Fundraising-Projekt anvertraut worden sind,

*Unaufgefordert
Transparenz zum
Spender bringen*

*Transparenz hilft
dem nächsten
Projekt*

ist das anders. Jeder einzelne Spender hat das Recht darauf, zu erfahren, was mit seiner Spende geschehen ist, auch wenn er nur 50 Cent gespendet hat. Der Spender sollte dafür keine komplizierten »Antragsformulare auf Auskunftserteilung über die Verwendung der gespendeten Finanzmittel« ausfüllen müssen. Es ist Ihre Aufgabe, Spender über den Verbleib der Gelder zu informieren. Freiwillige Helfer, Sponsoren und Großspender kennen Sie persönlich. Laden Sie sie ein, die Umsetzung Ihres Projekts zu besichtigen. Namentlich bekannte Spender können Sie in einem Rundschreiben darüber informieren, wie die Spenden eingesetzt worden sind, um Gutes zu tun. Geben Sie ruhig an, welcher Posten wofür ausgegeben wurde. Bei der Neugestaltung eines Außengeländes interessiert sich natürlich niemand dafür, dass Sie 1,27 Euro für Schrauben ausgegeben haben. Es ist aber schon wichtig zu sehen, dass der Tastweg 1720 Euro gekostet hat und die neue Bepflanzung 850 Euro.

Anonyme Kleinspender können Sie durch öffentliche Aushänge, Berichte in der Regionalpresse und einer Ausstellung über das Projekt informieren.

Nutzen Sie diese Chance auf erneuten Kontakt mit Ihren Unterstützern. Oft ergeben sich daraus neue, interessante Gespräche, die Ihnen noch einmal weiterhelfen.

Datenschutz

Im Laufe eines Fundraisings werden Sie viele Informationen über Ihre Förderer und deren Gewohnheiten erhalten. Gehen Sie sorgsam damit um. Prinzipiell erlaubt das Datenschutzgesetz das Speichern von Informationen über Förderer. Sie dürfen diese Informationen aber nicht ohne weiteres an Dritte weitergeben. Sie müssen diese Informationen vertraulich behandeln. Es geht niemanden etwas an, dass Familie Meyer Ihnen jedes Jahr zu Weihnachten 100 Euro spendet oder Frau Schmidt dieses Jahr etwas kapp bei Kasse ist und deshalb nur die Hälfte überwiesen hat. Wenn Familie Meyer möchte, dass die Welt erfährt, dass sie den Kindergarten fördert, sorgt sie schon selbst dafür.

Natürlich können Sie sich zu einzelnen Gesprächen und Personen persönliche Notizen machen. Achten Sie dabei aber auf Ihren Tonfall. Solche Notizen bestimmen die Einstellung, die Sie bei der nächsten Begegnung diesen Förderern gegenüber haben. Sie sollten zum Beispiel nach einem schwierigen Telefonat mit Frau Bachmeister Ihr

Mitgeschriebenes mit »angespanntes Gespräch« ergänzen, nicht aber mit »zickige Person«. Sie müssen sich immer fragen, wie reagiert ein Förderer, wenn er Einsicht nähme in Ihre Informationen über ihn.

Nehme ich alles?

Sie suchen Hilfe. Verlieren Sie dabei den Sinn der Hilfe niemals aus den Augen. Sie wollen Kindern den bewussten Umgang mit Essen beibringen. Dazu starten Sie ein Projekt über gesunde Ernährung. Sie suchen bereits lange nach Unternehmen, die dieses Projekt unterstützen. Dann bietet ein Unternehmen Ihnen an, eine Euro-Palette 0,2 l Tetrapack-Trinkbecher besten Saft zu dem Projekt beizusteuern. Endlich Hilfe – Sie atmen auf.

Hilfe ablehnen können

Nüchtern betrachtet kommen die Kinder allerdings gegen diese Menge innerhalb des Verfallsdatum nicht an. Und die Müllentsorgung wird zu einem echten Lagerproblem.

Sie möchten Ihr Serviceprofil schärfen und deshalb einen Kochkurs für Kinder anbieten. Der Discount-Markt um die Ecke bietet Ihnen ein Sponsoring an. Der Kochkurs ist gesichert und die Freude ist groß.

Aber ist es sinnvoll, das mühsam erarbeitet Serviceprofil des Kindergartens an das Image vom Discount-Markt zu koppeln? Der Discounter steht zwar für günstige Preise und gute Qualität, aber auch für die absolute Abwesenheit von Service.

Wenn Sie bei einer angebotenen Hilfe Magengrummeln verspüren, lehnen Sie sie ab. Vergessen Sie nicht, sich trotzdem für das Angebot zu bedanken.

Verbindlichkeit

Wer Fundraising-Gespräche führt, macht verbindliche Aussagen. Diese Person hat Entscheidungskompetenz. Sie können kein Fundraising-Gespräch führen, Vorschläge diskutieren, Verabredungen treffen und alles danach im Team basisdemokratisch zur Diskussion stellen. Wer vom Team losgeschickt wird, um Fundraising zu machen, kann allein und sofort Entscheidungen treffen. Die Bandbreite der Entscheidungen muss im Vorfeld geregelt werden.

Vorher intern Entscheidungs-spielräume klären

Fundraising ist ein Versprechen

Auch wenn man darüber nicht spricht: Viele Kindergärten haben sich einen leicht mauscheligen Umgang mit Geld angewöhnt. Es gibt schwarze Kassen und das »Teegeld« wird auch schon mal für Dringenderes ausgegeben. Das liegt oft an Antragsstrukturen, die sehr langwierig arbeiten. Für den wirklich eiligen Notfall kommen offiziell beantragte Gelder meist zu spät. Da braucht man ein gewisses frei verfügbares »Polster«. Das geht mit Fördergeldern nicht. Sie können nicht Geld sammeln und im Nachhinein sehen, wofür Sie es ausgeben. Wenn Sie Menschen um Ihre Unterstützung bitten, machen Sie Aussagen darüber, was Sie mit dieser Hilfe bewirken möchten und wann das geschieht. Diese Aussagen sind absolut verbindlich. Sie haben große Probleme, wenn Sie während einer Spendenaktion feststellen, dass Sie Ihr Ziel nicht erreichen. Sie können den Zweck des Geldes nicht umdefinieren. Sie müssten es zurückgeben. Das ist gerade bei vielen Kleinspenden unmöglich. Deshalb ist es sehr wichtig, das Projekt detailliert zu planen, eventuell in Teilprojekte zu zerlegen und den Spendenzweck genau zu formulieren.

- Klären Sie Ihre Zuständigkeiten und Entscheidungskompetenzen.
- Planen Sie Ihr Projekt gründlich.
- Nehmen Sie sich keine zu großen Projekte vor. Zerlegen Sie ein Vorhaben lieber in kleinere Teilziele.
- Machen Sie realistische Aussagen über Zeitverlauf und Verwendung der Gelder.
- Halten Sie Ihre Aussagen zum Projekt schriftlich fest, z. B. in der Projektpräsentation.
- Wenn es trotz aller Vorsichtsmaßnahmen zu einer Abweichung kommt, informieren Sie Ihre Förderer unaufgefordert.

1.5. Recht

Beim Fundraising sind verschiedene rechtliche Aspekte zu beachten. Welche Themen beachtet werden müssen, wird hier nur kurz angerissen. Wenn Sie ein Fundraising-Projekt planen, ist es unbedingt notwendig, sich für Ihren konkreten Fall Rat bei einem Rechtsanwalt oder Steuerberater zu holen.

Gemeinnützigkeit

Um Fundraising zu betreiben, brauchen Sie eine gemeinnützige Organisation. Fundraising wird zwar nicht ausschließlich von gemeinnützigen Organisationen betrieben. Auch Parteien und Politiker haben Fundraiser, die die Finanzierung Ihrer Wahlkämpfe organisieren. Aber das sind Ausnahmen.

Wenn Sie keine gemeinnützige Organisation haben, die hinter Ihrem Fundraising steht, können Sie nur schwer Spenden entgegennehmen und müssen die Einnahmen Ihres Fundraisings in nicht unwesentlichem Umfang versteuern. Abgesehen davon fällt es wesentlich leichter, Menschen vom Sinn Ihres Engagements zu überzeugen, wenn es einem gemeinnützigen Zweck dient.

Gerade für kirchliche und kommunale Kindergärten kann es schwierig sein, Fundraising zu organisieren. Kindergärten haben meist keine eigenen Konten. Die Verwaltungsstrukturen dieser Träger sind oft zu weit vom Kindergarten entfernt und zu schwerfällig für ein professionelles Fundraising.

Wenn zum Beispiel ein Spender eine größere Spende von 500 Euro für Ihren Kindergarten an die Gemeinde überweist, vergehen oft mehrere Wochen, bis das Geld tatsächlich bei Ihnen ankommt, oder Sie auch nur davon erfahren, dass Sie eine Spende bekommen haben. Der Spender ist über dieses Verfahren und die fehlende Rückmeldung von Ihnen bestimmt nicht erfreut. Eventuell verlieren Sie einen verärgerten Spender für immer.

Ein bewährter Ausweg ist ein Förderverein für den Kindergarten. Den können Sie mit Ihrem Team oder interessierten Eltern und Freunden des Kindergartens gründen. Der Förderverein wiederum beantragt dann beim örtlichen Finanzamt die Gemeinnützigkeit.

Wenn Sie einen Förderverein für Ihren Kindergarten gründen möchten, planen Sie dafür genug Zeit ein. Beraten Sie sich mit Bekannten, die schon einmal einen Verein gegründet haben oder einem Experten, z. B. einem Rechtsanwalt.

Steuer

Für die Einnahmen aus einigen Fundraising-Arten gibt es Obergrenzen. Wenn diese Obergrenzen überschritten werden, können Umsatz-, Körperschafts- und Gewerbesteuer anfallen. Diese sind zum Beispiel von der Art des Fundraisings abhängig oder von dem Grad der Beteiligung an den Werbemaßnahmen eines Sponsoringpartners. Wirtschaftliche Aktivitäten einer Non-Profit-Organisation dürfen den gemeinnützigen Zweck nie in den Hintergrund drängen. Fragen Sie einen Steuerberater nach den aktuellen steuerlichen Bestimmungen, die für Ihren konkreten Fall zutreffen.

Lotterie oder Tombola

Bei vielen Fundraising-Events gibt es etwas zu gewinnen. Wenn allein das Glück darüber entscheidet, wer einen Preis erhält und wer nicht, handelt es sich um eine Lotterie oder eine Tombola. Für Lotterien gelten eigene steuerliche Regelungen. Lotterien sind genehmigungspflichtig. Für eine günstige Besteuerung gibt es Obergrenzen für die Lospreise und die Gesamteinnahmen der Lotterie. Werden diese Werte überschritten, fällt Lotteriesteuer an. Wenn Sie eine öffentliche Lotterie veranstalten und damit höhere Summen an Geld einnehmen wollen, wenden Sie sich unbedingt im Vorfeld an einen Steuerberater.

Spendenbescheinigung

Wenn Sie für eine Organisation arbeiten, die direkt Spenden annehmen kann, können Sie Spendenbescheinigungen ausstellen. Für einen Spender kann es Steuervorteile bedeuten, wenn er mit der Spendenbescheinigung nachweisen kann, dass er gespendet hat. Das kann ein wichtiges Argument für eine Spende für Ihren Kindergarten sein.

Es ist genau geregelt, was auf einer Spendenbescheinigung enthalten sein muss. Für kleine Vereine gibt es Vordrucke im Bürohandel.

1.6. Ihre Investition in ein Fundraising

Fundraising ist nicht umsonst und nicht gratis. Sie müssen in Fundraising investieren:

Viel Arbeitszeit

Sie müssen viel Arbeitszeit in ein Fundraising stecken, bevor etwas dabei für Ihre Einrichtung herauskommt. Sie müssen viel Optimismus und Ausdauer mitbringen. Sie werden bei Ihren Fragen nach Unterstützung nicht nur Zusagen bekommen. Fundraiser rechnen mit nur einer Zusage auf 40 Absagen. Also lassen Sie sich nicht von der ersten Absage frustrieren. Es ist vom Absagenden nicht persönlich gemeint.

Sie können durch gründliche Vorarbeit und intensive Kontakte vor Ort Ihre Erfolgsquote verbessern.

Viele Freiwillige

Sie sind keine große professionelle Agentur. Ihre Stärke sind Ihre zahlreichen freiwilligen Helfer und die vielen Kontakte, die Sie alle zusammen haben. Die Freiwilligen und die Zeit, die sie spenden, sind Ihr Grundkapital. Setzen Sie es so ein, dass es Rendite für Ihren Kindergarten abwirft.

Ein Zuständiger

Bei allen Freiwilligen: Es gibt nur einen Zuständigen und das sind Sie. Sie sind bereit, Entscheidungen zu treffen und Verantwortung zu übernehmen. Sie haben schon im Vorfeld abgesteckt, in welchem Rahmen Sie Entscheidungen frei und sofort treffen können.

1.7. Kontinuität

Fundraising kann nicht Feuerwehr spielen, wenn das Haus bereits brennt. Fundraising ist auch keine Einmal-Aktion, die für möglichst viel Brimborium sorgt. Fundraising zeichnet sich durch kontinuierliches Handeln aus. Erfolge von Fundraising werden nicht immer sofort deutlich. Sie lernen zum Beispiel durch eine kleine Spende auf einem Event ein junges Paar kennen. Sie halten in den nächsten Jahren losen Kontakt zu diesen Spendern. Irgendwann hat das Paar Kinder und meldet die bei Ihnen an. Nach zwei Kindergartenjahren haben Sie ein Computerprojekt im Kindergarten. Zufälligerweise sortiert die Firma der Frau zu dieser Zeit gerade Ihre PCs aus und spendet die alten Geräte dem Kindergarten. Ein Jahr später gestalten Sie Ihren Garten neu und der Vater setzt mehrere Wochenenden daran, den Gartenteich anzulegen. Das alles verdanken Sie auch Ihrem lange zurückliegenden Event. Es ist sehr wichtig, dass Sie Fundraising nicht als einmalige Aktion auffassen. Am Ende der einen Aktion steht immer der Anfang der nächsten. Wenn es nach außen so scheint, dass es Lücken zwischen den Projekten gibt, müssen Sie auf jeden Fall die Kontakte pflegen, die einmal entstanden sind. Fundraising heißt Beziehungen knüpfen und pflegen. Einige Vorschläge, wie Sie das für Ihren Kindergarten organisieren können:

- Erfassen Sie systematisch die Kontakte, die Ihre Einrichtung, Sie persönlich und Ihr Team haben.

Fundraising braucht Zeit

Fundraising ist eine Aufgabe auf Dauer

Fundraising heißt Beziehungen knüpfen

- Sammeln Sie von möglichst vielen Ihrer Spender die Anschrift und vermerken Sie, wer was gespendet hat.
- Notieren Sie sich bei Absagen die Gründe der Absagen.
So können Sie einschätzen, ob Sie beim nächsten Mal dort Chancen haben.
- Halten Sie Ihre Förderer auf dem Laufenden über das Kindergartenleben. Das können Sie mit Rundschreiben, Newslettern oder einer Kindergartenzeitung erreichen.
- Vergessen Sie nicht, Ihren Förderern eine Weihnachtskarte oder eine persönliche Einladung für Ihre nächste Aktion zu schreiben.
- Kümmern Sie sich um Ihre Freiwilligen, Sponsoren und Großspender. Laden Sie sie zur Besichtigung Ihres Projekts ein.

2. Fundraising-Event

2.1. Was ist ein Event?

Erlebnisse schaffen

Wie bei vielen »neudeutschen« Wörtern ist auch bei dem Wort »Event« die Verwendung im Alltag sehr breit gefächert und unklar. Für den einen sind die Olympischen Spiele ein Event. Für den nächsten ist es ein Event, wenn ein Alleinunterhalter bei der Verkaufsaktion eines Autohauses Luftballons verteilt.
Im Idealfall geht es bei einem Event nicht um eine Veranstaltung, bei der Sie einmalig Eintritt bezahlen und danach ein Unterhaltungsprogramm konsumieren. Wenn Sie ein Event als Fundraising-Methode wählen, ist es wichtiger, ein Ereignis zu gestalten, an dem Ihre Gäste sich aktiv beteiligen. So schaffen Sie nicht nur Erinnerungen an eine Show, sondern Erlebnisse, an die man sich viel intensiver erinnert.
Sie müssen dabei nicht »klotzen« und teure Zauberkünstler engagieren. Eine ausgefallene Idee, Ihr Engagement und viel Liebe bei der Planung und Durchführung sind wirksamere Mittel, um Menschen zu begeistern. Ein Fundraising-Event ist eine Benefiz-Veranstaltung, die mit originellen Ideen vielen Menschen schöne Erlebnisse bereiten möchte. Diese Erlebnisse werden mit Ihrer Einrichtung in Verbindung gebracht.

2.2. Warum ein Event als Fundraising-Methode?

Wenn Sie besser gestern als heute eine kräftige Geldspritze brauchen, um den Erhalt Ihrer Einrichtung zu sichern, ist ein Fundraising-Event nicht die richtige Methode für Sie. Ein Fundraising-Event braucht eine lange Vorbereitung und schluckt viele Arbeitsstunden.

emotionale Erlebnisse

Mit einem Fundraising-Event erreichen Sie eine größere Zielgruppe als mit herkömmlichen Kindergartenveranstaltungen. Sie werden Kontakte zu Menschen bekommen, die nie im Leben daran gedacht hätten, einen Fuß in Ihren Kindergarten zu setzen.

Viele Menschen erreichen

Sie schaffen mit einem Fundraising-Event Erlebnisse. Erlebnisse sprechen Menschen auf einer emotionalen Ebene an. Nur auf dieser Ebene können Sie Menschen dazu bringen, sich für Ihre Arbeit zu interessieren, Ihnen Anerkennung dafür zu geben und Ihre Arbeit mit Geld oder Zeit zu unterstützen. Ein Fundraising-Event bietet Ihnen die Möglichkeit, eine Tradition in Ihrer Stadt ins Leben zu rufen. Erst mit einer jahrelangen Tradition wird die Methode des Fundraising-Events so wirksam, dass sich der Aufwand lohnt. Mit der Zeit wird Ihr Event ein Alleinstellungsmerkmal Ihrer Einrichtung und stiftet Identität. Fundraising-Events sind ein sehr wirksames Mittel der Öffentlichkeitsarbeit.

2.3. Spaß beim Helfen – Spaß beim Organisieren

»Fundraising-Event« beginnt mit den Buchstaben FUN. An nichts erinnern wir uns lieber als an Momente, in denen wir Spaß hatten. Deshalb ist es wichtig, dass ein Kindergarten mit solchen Erinnerungen in Verbindung gebracht wird. Positive Erinnerungen sind der Grundstein bei der Überlegung, ob ich einer Organisation etwas spende oder nicht, oder noch besser: ob ich mich für sie engagiere oder nicht. Schaffen Sie sich und Ihren Gästen – im wahrsten Sinne des Wortes – unvergessliche Stunden. Ein Fundraising-Event ist nicht der richtige Moment für den Druck auf die Tränendrüse oder Mitleidsappelle. Ihre Gäste werden nur dann Spaß an Ihrem Event haben, wenn Sie selbst an dem Fest und seiner Organisation Spaß haben. Wenn Sie Spaß daran haben, etwas Tolles auf die Beine zu stellen, ist ein Event die richtige Fundraising-Methode für Sie.

Ein Event sollte allen Beteiligten Spaß bringen!

2.4. Traditionen ins Leben rufen

neue Traditionen

Fundraising erfordert eine langfristige Strategie. Der Erfolg lässt sich nicht mit einem einfachen Kassensturz nach einer Aktion messen. Der Gewinn besteht nicht nur in einer bestimmten Summe an Euro. Sie sammeln Interesse, Anerkennung und Unterstützung für Ihre Arbeit in jeder Form. Ziel eines Fundraisings ist es immer, die Möglichkeiten und Spielräume einer sozialen Einrichtung zu erhöhen. Natürlich soll Fundraising »Geld in die Kasse bringen«. Auf lange Sicht ist aber eine intensive Bindung zu vielen Menschen in der Umgebung des Kindergartens das wertvollere Gut.

Die Fundraising-Events, die in diesem Buch vorgestellt werden, sind nicht als einmalige Aktionen gedacht. Einmalige Aktionen machen viel zu viel Arbeit und erlöschen in ihrer Öffentlichkeitswirkung schneller als ein Strohfeuer. Erst wenn Sie in Ihrer Stadt eine Tradition ins Leben rufen, sind Fundraising-Events wirksame Fundraising-Methoden. Machen Sie Ihr Fundraising-Event zu einem alljährlichen Highlight im Veranstaltungskalender Ihrer Stadt oder Gemeinde. Im Idealfall freuen sich die Menschen aus der Nachbarschaft schon Wochen vorher auf das große Ereignis. So kommt es schon im Vorfeld zu zahlreichen positiven Kontakten für Ihre Öffentlichkeitsarbeit.

2.5. Formen von Fundraising-Events

Es gibt unzählige Formen von Fundraising-Events. Die häufigsten Formen sind Turniere, Meisterschaften, Tombolas, Gala-Abende, Bälle, Basare, Bankette und Konzerte.

Turniere und Meisterschaften

Turniere und Meisterschaften schreiben einen Wettbewerb unter den Zuschauern aus. Die Teilnehmer zahlen Startgeld. Für die besten gibt es Preise. Bei Turnieren melden sich die Teilnehmer an. Die Sieger werden im Laufe eines festen Turnierplans ermittelt.

Bei Meisterschaften können die Bewerber gleichzeitig oder ungeordnet, auch mehrmals nacheinander antreten.

Tombolas und Lotterien

Auch bei Tombolas gibt es etwas für die Besucher zu gewinnen. Hier entscheidet allerdings allein das Glück über Sieg und Niederlage. Dass es nicht immer eine langweilige Lostrommel sein muss, zeigen zum Beispiel die Gummientenrennen. Bei Tombolas kommt es sehr auf die originelle Verpackung an, ob ein langweiliges Losziehen zum Event wird. Bei Tombolas müssen Sie spezielle rechtliche und steuerliche Besonderheiten beachten.

Basare
Bei Basaren werden gespendete Waren oder Selbstproduziertes zu Gunsten Ihrer Einrichtung verkauft. Um den Unterhaltungswert zu erhöhen, können Sie die Sachen auch versteigern. Basare allein sind kein großer Publikumsmagnet. Sie können das Programm Ihres großen Events aber sehr gut ergänzen.

Gala-Abende, Bälle, Bankette, Konzerte
Einen Gala-Abend, Bälle, Bankette und Konzerte finanzieren Sie hauptsächlich über Eintrittsgelder und Spenden. Die Grenzen zwischen diesen Event-Formen sind fließend. Bei einem Gala-Abend bieten Sie Ihren Gästen ein komplettes Showprogramm. Ein berühmtes Beispiel dafür ist die José-Carreras-Gala zu Gunsten krebskranker Kinder. Bälle laden zum Tanzen ein, während Bankette für das leibliche Wohl sorgen. Konzerte und Aufführungen unterhalten Ihr Publikum mit einer Vorstellung.
Die Einnahmen solcher Methoden können enorm sein. So bringt der Ball des Sports der Stiftung Deutsche Sporthilfe jährlich über 1 Million Euro bei Eintrittspreisen von 700 Euro pro Gast.

Für Kindergärten
Für kleine soziale Einrichtungen kommen alle die Formen nicht in Frage, die einen größeren finanziellen Vorlauf haben. Das Risiko der Vorfinanzierung ist zu groß. Stellen Sie sich vor, Sie haben eine Bühne mit Sound- und Lichtanlage für ein Open-Air-Konzert gemietet. Die Band will zwar kostenlos aufzutreten, aber die Technik, Versicherung und Gema-Gebühren werden auf jeden Fall fällig. Das sind schnell vierstellige Beträge. Und dann regnet es mitten im August. Es regnet zwar sonst nie im August, aber an diesem Tag ist es nun einmal so. Nur ein Bruchteil der Gäste kommt, und Sie sitzen auf den Kosten – notfalls persönlich. Dieses hohe finanzielle Risiko gilt vor allem für Konzerte, Gala-Abende, Bälle und Bankette.

Finanzielles Risiko vermeiden

Konkrete Vorbereitungen

1. Die Wahl des richtigen Projekts

Die Wahl des richtigen Projekts entscheidet über Erfolg und Misserfolg

Menschen, die sich mit Geld oder aktiver Mithilfe für eine gute Sache engagieren, haben das Bedürfnis zu erfahren, was mit ihrer Hilfe ermöglicht wird. Sie möchten es nicht nur erfahren, sondern wissen und spüren, dass es eine relevante Hilfe ist, die auch da ankommt, wo sie hin soll: bei den Kindern.

Für die Arbeit mit Kindern braucht man natürlich immer Hilfe und Geld an allen Ecken und Enden. Damit aber nicht der Eindruck entsteht, dass das Geld »irgendwo« dem Kindergarten hilft, sollten Sie ein konkretes Projekt auswählen, das Sie mit den Einnahmen finanzieren wollen. Mit einem Projekt schaffen Sie Bilder im Kopf und erzählen Geschichten. So ist es wesentlich einfacher, Ihren Förderern erlebbar zu machen, wozu Sie die Unterstützung brauchen. Für die Wahl des Themas sollten Sie folgende sieben Punkte bedenken:

1. Überschaubare einmalige Kosten sind laufenden Kosten auf jeden Fall vorzuziehen. So kann die naturnahe Umgestaltung des Außengeländes ein Projekt sein, aber nicht die Personalkosten der Reinigungskraft oder laufende Bürokosten.
2. Je dichter die Neuerung im Alltag an den Kindern ist, desto besser. Es ist leichter einen Spender für das naturnahe Außengelände zu begeistern, als für das neue Verwaltungsprogramm auf Ihrem PC.
3. Ihr Projekt sollte sichtbar sein. Ein Umweltgutachten kann man nicht so gut fotografieren wie die neuen Bäume auf dem Außengelände.
4. Die Notwendigkeit des Projekts muss Nicht-Pädagogen ohne fachliche Erläuterung ins Auge springen.

5. Die Verwendung der Gelder muss zeitlich nahe an dem Fundraising-Event liegen. Ihre Gäste sollten sich noch lebendig an Ihr Event erinnern, wenn Sie Ihnen zeigen, was mit dem Geld ermöglicht worden ist. Dazu muss das Projekt eine realistische Größe haben.

6. Alle Beteiligten müssen das Projekt uneingeschränkt unterstützen. Ihre Kollegin, die es im Grunde schlecht findet, hat keinen Spaß daran, Engagement dafür aufzubringen. Im schlimmsten Fall redet sie schlecht darüber.

7. Schließlich geben Sie Ihrem Projekt einen kurzen, griffigen Namen. Testen Sie bei mehreren Nicht-Pädagogen, ob der Name verstanden wird und wie er ankommt.

Das richtige Projekt auszuwählen klingt komplizierter als es ist. Wenn Sie im Team eine Wunschliste zusammenstellen, Prioritäten setzen und dann diese Richtlinien als Filter benutzen, finden Sie bestimmt ein Projekt, das sich hervorragend für Ihr diesjähriges Event eignet.

2. Die Wahl des passenden Events

2.1. Zielgruppe definieren

Um das richtige Event auszuwählen, müssen Sie sich darüber klar werden, wen Sie mit dem Event ansprechen wollen und wen nicht. Ein häufiger Fehler bei der Planung ist es, die Zielgruppe zu groß zu definieren. Viele Veranstalter möchten Eltern, Kinder, Jungendliche, Senioren, Alleinstehende und alle anderen Menschen erreichen. Das wird nicht funktionieren.

Wen möchten Sie erreichen?

Jugendliche definieren sich zum Beispiel darüber, dass Sie keine Kinder mehr sind und sich nicht mehr für »Kinderkram« interessieren. Es ist so gut wie unmöglich, sowohl Kinder als auch Jugendliche mit einem einzigen Fest anzusprechen, da allein die Tatsache, dass Kinder bei dem Fest ihren Spaß haben, Jugendliche abschreckt. Solche Abgrenzungen gibt es teilweise auch bei anderen Zielgruppen.

Wer alle mit einer Methode erreichen möchte, wird am Ende niemanden erreichen.

- Überlegen Sie sich, was Ihre »natürlichen« Zielgruppen sind. Für einen Kindergarten sind das zum Beispiel die Familien der Kinder, Familien, die früher Kinder in der Einrichtung hatten, und die Nachbarn des Kindergartens.
- Welche Zielgruppen passen direkt dazu? Z. B. andere Familien der Stadt, zukünftige Kindergartenfamilien, die Freundeskreise der Familien mit Kindern, Eltern und Senioren, die weitere Umgebung des Kindergartens etc.
- Gibt es Gruppen, die Sie gezielt zusätzlich erreichen wollen? Z. B. Entscheidungsträger der Stadt, potentielle Sponsoren etc.
- Jede Zielgruppe stellt sich ein gelungenes Erlebnis leicht anders vor. Was erwartet wer von einer Veranstaltung? Wo schließen die Interessen der einzelnen Gruppen einander aus?
- Können Sie eine Bandbreite von Angeboten machen, um mehrere Gruppen anzusprechen? Wann geht das eine Gesicht Ihrer Veranstaltung verloren? Der Charakter eines Events ist nicht beliebig dehnbar.
- Halten Sie Ihre Überlegungen schriftlich fest.
- Organisieren eines Events ist ein lebendiger Prozess mit leichten Kurskorrekturen hier und da. Überprüfen Sie während der weiteren Planung regelmäßig, ob Sie noch auf Kurs liegen und die gewünschten Zielgruppen erreichen.

2.2. Ideen sammeln

Originalität, Fantasie und Engagement begeistern

Je origineller die Idee zu Ihrem Event ist, desto einmaliger sind die Erlebnisse, die Sie schaffen.

Sie sind keine große Konzertagentur. Sie wollen es auch nicht werden. Sie können nicht mit Licht- und Soundanlagen protzen, die bei großen Konzerten üblich sind. Sie können keine deutschlandweit bekannten Showgrößen engagieren. Versuchen Sie nicht, mit kommerziellen Groß-Events zu konkurrieren. Sie haben nur geringe finanzielle Möglichkeiten. Ihre Stärken sind Begeisterung, eine persönliche Atmosphäre und eine originelle Idee.

Da Sie die Form der Veranstaltung nicht jedes Jahr wechseln können, müssen Sie sich im Vorfeld gut überlegen, welche Idee Sie in die Tat umsetzen wollen. Die Ideensammlung kann nicht bei Ihnen zu Hause, allein im stillen Kämmerlein stattfinden. Sie brauchen mehrere wache Geister, die ihrer gesammelten Kreativität freien Lauf lassen. Setzten Sie sich mit fünf bis zehn Leuten zusammen und suchen Sie nach einer originellen Idee für Ihr Event. Denken Sie daran, dass es bei diesem ersten Schritt nicht darum geht, das Event bis in alle Einzelheiten zu planen. Diskutieren Sie nicht lange herum an Einwänden wie »dass können wir dann in der Ecke…«, »das geht aber nicht, weil es da doch gar kein … gibt«, »da hat bestimmt Herr XY was dagegen«.

Reden Sie Ihre Ideen nicht tot. Geben Sie ihnen eine Chance. Ihre erste Annahme ist, dass es funktioniert. Nur die Originalität zählt. Über die Machbarkeit machen Sie sich später Gedanken.

Möglichkeiten sehen – nicht Unmöglichkeiten

Schreiben Sie alle Ideen auf ein großes Blatt oder eine Tafel, damit nichts verloren geht. Oft wird aus Ideen, die man früh verworfen hat, kombiniert mit einer späteren doch noch etwas Großartiges. Außerdem fällt es leichter, sich in Gedanken dem nächsten Einfall zu widmen, wenn die vorherige Idee aufgeschrieben ist.

Sehen Sie als erstes die Ideensammlung in diesem Buch durch. Vielleicht gefällt Ihnen eine Idee so gut, dass Sie sie umsetzen wollen. Vielleicht fällt Ihnen spontan eine Variation der vorgestellten Ideen ein. Oft gibt einem das Förderprojekt oder die konkrete Lage vor Ort ein Thema vor, das einen inspiriert. Vielleicht haben Sie jemanden in Ihrem Team mit einem ganz besonderen Hobby. Kann man das eventuell zu einem Event machen? Gibt es im Veranstaltungskalender Ihrer Stadt oder Gemeinde einen festen Termin, der Sie auf eine Idee bringt?

Wenn Sie eine Idee gefunden haben, die Sie begeistert, prüfen Sie, ob sie zum Projekt passt und für Ihre Zielgruppe geeignet ist.

2.3. Machbarkeit prüfen

Sie wissen, was Sie machen wollen. Als nächstes prüfen Sie, ob Ihr Event in die Tat umgesetzt werden kann.

Sach- und Zeitbedarf auflisten

Sie brauchen eine möglichst genaue Aufstellung der Gegenstände und der Arbeitszeit, die Sie für das Event benötigen. Setzen Sie sich in Ihrer Planungsrunde zusammen und machen Sie eine Zeitreise in Ihrer Fantasie. Es ist der Tag des großen Events. Einige von Ihnen sind

Fantasie-Bummel über Ihr Event

Gäste und schlendern über das Festgelände, andere sind für eine bestimmte Aktion voll und ganz mit dem reibungslosen Ablauf des Events beschäftigt. Verteilen Sie möglichst verschiedene Rollen: Kinder, Großeltern, Eltern, Chefplaner, freiwilliger Helfer etc. Beschreiben Sie still für sich oder in der ganzen Runde, was Sie sehen, riechen, hören und erleben. Färben Sie alles, was zu dem Event beiträgt, im Geiste rot ein. Machen Sie eine Liste Ihrer roten Gegenstände. Färben Sie jeden, der durch seine Arbeit zu dem Event beiträgt, grün ein. Notieren Sie die Personen und beschreiben Sie genau, was die Personen machen. Wenn Sie alle wieder im Heute angekommen sind, suchen Sie die versteckten Kosten, die Sie nicht sehen konnten. Haben Sie zum Beispiel Musik gehört? Dann werden GEMA-Gebühren fällig. Deckt Ihre Versicherung ein solches Event ab, oder brauchen Sie für den Tag eine speziellere?

Welche Kosten und welcher Aufwand entstehen?

Sach- und Dienstleistungen einkaufen?

Tragen Sie alle grünen und roten Listen zusammen, z. B. auf einem Flipchart. Schreiben Sie hinter jeden Punkt, was es kosten würde, diese Sach- oder Dienstleistung einzukaufen.

Was »kostet« Selbermachen?

Notieren Sie außerdem, welcher Aufwand und welche Materialkosten entstehen, wenn Sie den Punkt selber verwirklichen.

Wenn Sie einen Punkt nicht beantworten können, vermerken sie ein Fragezeichen. Verteilen Sie die Fragezeichen als Arbeitsaufträge an die einzelnen Mitglieder des Planungsteams. Machen Sie einen Termin in einer oder maximal zwei Wochen aus, bis zu dem jeder seine Fragezeichen so gut wie möglich beantwortet hat.

Brauche ich das wirklich?

Ideen sind perfekt. Viele von den eigenen Ideen hat man richtig lieb gewonnen. Eine sehr persönliche Beziehung ist entstanden.

Wenn Sie Ideen in die Realität umsetzen, können Sie das nicht zu 100 Prozent schaffen. Es ist leicht, ein recht gutes Ergebnis zu erzielen. Ausgesprochen schwer wird es, wenn Sie versuchen, die perfekte Umsetzung Ihrer Idee zu erreichen.

Oft werden mit 20 Prozent des Aufwands 80 Prozent des Effekts erzielt. Die restlichen 80 Prozent des Aufwands gehen in die Arbeit an den fehlenden 20 Prozent des Effekts.

Wenn Sie zum Beispiel ein Event-Café planen, haben Sie wahrscheinlich stimmungsvolle Tischdekorationen vor Ihrem inneren Auge. Der Aufwand für eine handgeklöppelte, zwei mal sechs Meter große Tischdecke und Messingleuchter auf dem Tisch ist wahrscheinlich zu groß. Den Effekt, dass Sie den Gästen die Möglichkeit bieten, den Kaffeebecher abzustellen, erreichen Sie auch mit einer Papiertischdecke von der Rolle und Teelichtern in Marmeladengläsern. Setzen Sie Ihr Ziel irgendwo in der Mitte zwischen Handklöppeleien und Marmeladengläsern. Vergessen Sie nicht, dass die persönliche Note, Ihr Engagement und Ihre Kreativität Ihre Mittel sind, um zu begeistern. Stellen Sie sich gemeinsam bei jedem Punkt Ihrer Listen kritisch die Frage, ob Sie das wirklich brauchen. Dient ein Punkt dem Gelingen des Events? Gehen Sie dabei sanft mit den Ideen Ihrer Mitplaner um. Verreißen sollten Sie nur Ihre eigenen Ideen. Vielleicht finden Sie gemeinsam günstigere oder einfachere Lösungen, die zu einem ähnlichen Ziel führen.

Nicht in perfekte Lösungen verrennen

Bedenken Sie auch Ihre eigene Arbeitszeit

Gemeinsam Alternativen suchen

Beschaffungsmöglichkeiten
Gehen Sie Ihre Liste Punkt für Punkt durch und finden Sie heraus, was Sie wo am günstigsten bekommen. Achten Sie nicht nur auf den Preis, sondern auch auf die Lieferbedingungen. Damit Ihr Risiko so gering wie möglich ist, suchen Sie für möglichst viele Sachleistungen Lieferanten, die auf Kommission liefern. So können Sie die übriggebliebenen Materialien wieder zurückgeben. Fragen Sie Ihre Lieferanten nach dieser Möglichkeit. Für größere Ausgaben brauchen Sie Spender oder Sponsoren. Planen Sie genügend Zeit für die Suche ein. Rechnen Sie Ihre Arbeitszeit bei dieser Suche in die Überlegungen mit ein.

Trennung von zu teuren Ideen
Auch wenn es weh tut: Sie müssen sich von Ideen lösen, wenn Sie zu teuer oder zu aufwändig sind.

Geld und Zeit-Schmerzgrenzen ernst nehmen

Letzter Zeitpunkt zum Ideenwechsel

Wenn Sie alle Fragezeichen geklärt haben, ziehen Sie Bilanz. Liegt der zeitliche und finanzielle Aufwand in Ihren realistischen Möglichkeiten? Auf welche Punkte sollte man lieber verzichten? Ist das Event dann noch das Event, dass Sie sich vorgestellt haben?
Zur Not müssen Sie sich von der Grundidee Ihres Events lösen. Das ist der letzte Moment, an dem Sie es ohne größeren Zeit-, Geld- und Imageverlust können. Diese Entscheidung ist dann eine gute Entscheidung. Es ist kein Scheitern. Sie sollten nicht resignieren, sondern einfach beim Schritt »Ideen sammeln« wieder weitermachen.

2.4. Wahl des richtigen Termins

Selbst eine gute Idee scheitert zum falschen Zeitpunkt

Der falsche Termin kann für das richtige Event das Aus bedeuten. Keine Sommerveranstaltung überlebt die Überschneidung mit einem Fußball-Länderspiel. Was nützt Ihnen die beste Planung, wenn Ihre Zielgruppe am Veranstaltungstag im Urlaub ist. Und jedem ist klar, dass Dienstagvormittag kein geeigneter Zeitpunkt für ein Familienfest ist. Die Terminwahl ist ein sehr wichtiger Punkt. Planen Sie dafür genug Recherchezeit ein. Es wäre schade, wenn ein schönes Fest wegen des falschen Termins zum Reinfall wird.

Überlegen Sie sich folgende Fragen:

1. Ist Ihr Event abhängig von Wetter oder Jahreszeit? Ein Open-Air-Fest muss eben im Sommer und eine Adventsveranstaltung im Dezember stattfinden. Das schränkt Ihre Terminauswahl ein. Eventuell müssen Sie auch noch andere natürliche Gegebenheiten berücksichtigen. Eine Veranstaltung auf der Nordsee muss den Gezeitenkalender berücksichtigen und eine Open-Air-Filmvorführung muss einplanen, wann an dem gewünschten Tag die Sonne untergeht.

2. Wie sieht die übrige Terminplanung Ihrer Einrichtung aus? Sie sollten zwei Wochen vor und eine Woche nach dem Event keine anderen Verpflichtungen einplanen, die viel Zeit brauchen. Einige Termine können Sie nicht verlegen, wie zum Beispiel die Abschiedsfreizeit oder das Abschiedsfest für die Kinder, die in die Schule kommen.

3. Sie brauchen für das Event viele Helfer. Fragen Sie die Helfer, wann sie Zeit haben. Oft werden Hilfen zugesagt, die dann wegen des Termins wieder abgesagt werden. Denken Sie daran, dass Helfer eventuell auch vorher Zeit brauchen, z. B. für Proben, Aufbauen, Vorbereitungen aller Art.

4. Welche Gewohnheiten hat Ihre Zielgruppe? Wie sehen die normalen Arbeitszeiten aus? Wann machen Ihre potenziellen Gäste Urlaub? Wann steht Ihre Zielgruppe am Wochenende auf? Bis wann dürfen die Kinder wach bleiben? Sind bestimmte Zeiten z. B. für Einkäufe eingeplant? Welche Veranstaltungen besuchen Ihre Gäste sonst noch? Raten Sie die Antworten nicht nur. Fragen Sie Angehörige Ihrer Zielgruppe.

5. In den meisten Städten oder Gemeinden gibt es feste Termine für jährliche Veranstaltungen. Vielleicht gibt es Pläne für eine einmalige Veranstaltung in ihrer Region.
Nicht jede Veranstaltung ist für Ihre Zielgruppe interessant.
Sorgt aber zum Beispiel eine Großveranstaltung für Verkehrschaos in Ihrer Region, wird es schwierig für Ihre Gäste, zu Ihnen zu kommen.
6. Mit einigen überregionalen Veranstaltungen sollten Sie Überschneidungen vermeiden. So ist es zum Beispiel schwierig, während der Olympischen Spiele oder eines Fußball-Länderspiels die Sportfreaks Ihrer Zielgruppe zu mobilisieren.
7. Müssen Sie ein Gebäude oder einen Platz reservieren oder mieten? Denken Sie daran, dass der Veranstaltungsort am Wunschtermin auch zur Verfügung stehen muss. Planen und reservieren Sie frühzeitig, damit Ihnen nicht andere Veranstalter zuvorkommen.
8. Brauchen Sie von irgendeiner Behörde eine Genehmigung für Ihr Event? Fragen Sie frühzeitig nach, wie lange die Verwaltungen brauchen, um diese Genehmigung zu erteilen.
9. Wann ist es günstig, in Informationsmedien für Ihre Veranstaltung zu werben? Kurz vor einer Oberbürgermeisterwahl in Ihrer Stadt wird es kaum eine Gelegenheit geben, in der Regionalpresse über Ihr Event zu berichten.

Sie werden nicht allen diesen Terminfragen gerecht werden können. Legen Sie Ihre Prioritäten fest und ermitteln Sie einen tragbaren Kompromiss. Einige scheinbare Ausschlussargumente kann man auch abschwächen oder gar als Stärke nutzen.
So können Sie ein Familienfest in einen gemeinsamen Fußballabend mit Leinwandübertragung und Chips übergehen lassen. Oder Sie machen Ihr Event zu einer neuen Hauptattraktion des Stadtfestes. So erreichen Sie eventuell sogar Menschen, die wegen des Stadtfestes angereist sind.

3. Die Suche nach Partnern

Je mehr Menschen von Ihrem Event wissen, desto erfolgreicher wird es. Fundraising braucht Öffentlichkeit. Nutzen Sie alle Kontakte, die

Sie haben. Spannen Sie die Eltern der Kinder ein und vergessen Sie nicht Ihren eigenen Bekanntenkreis. Für Fundraising brauchen Sie noch mehr Öffentlichkeit. Sie brauchen einen Kooperationspartner. Das kann zum Beispiel ein Laden mit zentraler Lage im Ort und viel Kundenverkehr sein. Setzen Sie sich im Team zusammen und machen Sie eine Ideenliste von möglichen Sponsoringpartnern. Wer aus Ihrem Team hat Kontakt zu Ihren Wunschkandidaten?

Versetzen Sie sich in die Lage der möglichen Sponsoren. Was kann der Kindergarten bieten, was für den Sponsor attraktiv ist? Bedenken Sie, dass der mögliche Partner zahlreiche Anfragen von allen möglichen Einrichtungen bekommt. Was macht Ihr Angebot zu einem besonderen? Eine kurze Erwähnung des Sponsors auf dem Plakat reicht dafür bestimmt nicht aus. Lassen Sie Ihrer Kreativität freien Raum. Nur wenn sich beide Partner im Alltag wirklich vernetzen, entsteht eine echte Zusammenarbeit. Sammeln Sie Ideen, wie Sie den Kindergarten in der Apotheke nebenan erlebbar machen können oder wie Sie die Apotheke in den Kindergarten bringen können.

Denken Sie daran, dass Sie mit dem Sponsor nicht nur einen Tag zusammenarbeiten wollen. Mit der Öffentlichkeitsarbeit vor dem Event, dem Tag des Events selbst, dem Präsentieren der glücklichsten Momente direkt im Anschluss und der Dokumentation der Durchführung Ihres Projekts vergehen zahlreiche Wochen.

Ein Probelauf für Ihre Argumentation kann Ihnen mehr Sicherheit geben. Testen Sie Ihre Ideen in einem kleinen Rollenspiel. Drei möglichst Unbeteiligte mimen die kritischen Ladeninhaber. Stellen Sie Ihre Ideen vor und beobachten Sie die Reaktionen.

Um einen Kooperationspartner zu gewinnen, müssen Sie das persönliche Gespräch suchen. Es ist wichtig, dass Sie Ihrem Gesprächspartner am Ende des Gesprächs eine Projektskizze geben. So kann er in aller Ruhe die wichtigsten Punkte noch einmal nachlesen.

Beachten Sie bitte folgende Tipps, wenn Sie die Projektskizze schreiben:

1. Sie sollte auf gar keinen Fall länger als eine DIN-A4-Seite sein.
2. Sie sollte folgende Punkte umfassen: Nutzen für den Partner, Beschreibung des Events, Ziel des Fundraisings, Nutzen für die Kinder.

Welche Unterstützung brauchen Sie für das Event? Kontakt-
adresse.

3. Benutzen Sie keinen einzigen pädagogischen Fachbegriff.

4. Die Projektskizze sollte mindestens mit der Schriftgröße 10
geschrieben sein, 12 ist besser.

5. Benutzen Sie ein einfaches, nicht zu verspieltes Layout.

6. Suchen Sie einen kurzen, griffigen und vor allem aussagekräf-
tigen Titel, der das Projekt auf den Punkt bringt. Verwenden Sie
keine Abkürzungen, keine Fremdworte oder Fachbegriffe.

7. Lassen Sie Ihre fertige Projektskizze noch zwei oder drei Tage
liegen. Lesen Sie sie dann erneut.

Fragen Sie einen Nicht-Pädagogen, wie ihm die Skizze gefällt. Denken Sie daran, nach einer gewissen Bedenkzeit wieder bei den möglichen Sponsoren nachzufragen, die noch nicht abgesagt haben.
Wenn sich jemand nicht bei Ihnen meldet, heißt das nicht, dass er
kein Interesse an dem Projekt hat.
Planen Sie für die Suche nach Kooperationspartnern genügend Zeit
ein. Beginnen Sie mehrere Monate vor dem Veranstaltungstermin. Es
ist besser, zwei Monate zu früh zu wissen, dass alles klappt, als bis
zur letzten Minute um Ihre Veranstaltung bangen zu müssen.
Lassen Sie sich von Absagen nicht entmutigen. Bei der Suche nach
Sponsoren sind 40 Absagen auf eine Zusage normal. Aber keine
Angst: Sie werden besser sein.

4. Der Sponsoringvertrag

Natürlich vertrauen Sie Ihrem Sponsoringpartner. Und er vertraut Ihnen. Und Sie wissen heute noch ganz genau, was Sie gemeinsam be-
sprochen und vereinbart haben. Aber dass Sie sich beide in zwölf
Wochen noch an dieselben Details des Gesprächs erinnern, ist ziemlich unwahrscheinlich.

Es ist besser, alles schriftlich zu regeln als sich nachher zu streiten

Auch wenn es förmlich oder unpersönlich wirkt, ist es unbedingt notwendig, Ihre Vereinbarungen mit einem Sponsor schriftlich festzu-
halten. Es ist besser, im Vorfeld die Vereinbarungen schriftlich fest-
zuhalten, als sich im Streitfall an unterschiedliche mündliche Vereinbarungen zu erinnern.
Der Sponsoringvertrag sollte auflisten, was der Sponsor von Ihnen

bekommt und was die Firma im Gegenzug für Sie leistet. Nehmen Sie alle Leistungen in diese Liste auf. Vor allem die nicht-finanziellen Leistungen beider Seiten müssen genau definiert werden. Die genaue Formulierung hängt stark von Ihrem Projekt und natürlich von Ihren Vereinbarungen ab, deshalb hier nur eine kleine Liste an Beispielen, was erwähnt werden sollte:

- Dauer und Art der Werbemaßnahmen,
- Auflage von Plakaten,
- Größe der Ankündigung im Laden,
- Auslegen von Werbezetteln im Laden oder im Kindergarten,
- Größe der Sponsorpräsentation beim Event selbst,
- Gestaltung der Siegergalerie (bei Turnieren etc.),
- Art des Preises für den Sieger (Turniere, Tombolas etc.),
- das gemeinnützige Projekt,
- Regeln für eine eventuelle Vertragsänderung.

Nehmen Sie auch das Projekt und sein Ziel in den Sponsoringvertrag auf. Noch ein Hinweis am Rande: Ein Sponsoring ist keine Spende! Spenden dürfen nicht an Bedingungen geknüpft sein.
Ein Sponsor kann natürlich auch spenden. Das gehört aber nicht in einen Vertrag.

5. Die Suche nach Freiwilligen

Die größte Spende machen Ihre freiwilligen Helfer. Sie spenden ihre Zeit. Den Unterschied zwischen Ihnen und einem kommerziellen Anbieter von Veranstaltungen macht das ehrenamtliche Engagement Ihrer Helfer aus.
Machen Sie folgende Musterrechnung:
Schätzen Sie, wie viele Arbeitsstunden ein einzelner Helfer auf dem Event verbringt. Wie viele Helfer sind anwesend? Wie viele Stunden Vorbereitung waren beim Kartenverkaufsstand, beim Infostand auf dem Markt, den Bastelarbeiten für die Bühne etc. notwendig?
Wie viele Leute mussten wie lange nach dem Fest die letzten Reste zusammenfegen?
Wenn Sie die Zahl der Arbeitsstunden haben, gönnen Sie Ihren Freiwilligen einen hypothetischen Stundenlohn von 7,50 Euro. Ziehen

Sie die Summe von Ihren Einnahmen ab und Sie werden sehen, es bleibt fast nichts für das gemeinnützige Projekt übrig.

Als erstes überlegen Sie nun systematisch, bei welchen Arbeitsschritten Sie Hilfe brauchen. Diese Liste ist eine offene Liste, sie kann zu jeder Zeit weitergeführt werden.

Helfer sind Großspender

Planen Sie die Mithilfe der Freiwilligen nach den Wünschen der Freiwilligen. Delegieren Sie nicht nur die Handlanger-Arbeiten. Nur wer gestaltend mithilft, kann aus der Arbeit selbst eine Belohnung erhalten. Studien haben gezeigt, dass sich eine Mehrzahl der Menschen jeden Alters gern sozial engagieren möchte. Der überwiegende Teil weiß allerdings nicht, wo und wie. Gehen Sie den ersten Schritt auf diese Menschen zu. Neben dem Engagement für eine gute Sache bieten Sie mit dem Event etwas, bei dem das Helfen Spaß machen kann. Schaffen Sie eine angenehme, stressfreie Atmosphäre für die Freiwilligen. Engagement und Spaß beim Helfen sind wirksamere Argumente als jeder Appell an das Mitleid.

Wünsche der Helfer aufgreifen

Menschen wollen helfen – zeigen Sie ihnen, wie

Gehen Sie bei der Suche nach Freiwilligen in konzentrischen Kreisen vor. Beginnen Sie direkt beim Kindergarten, Ihren eigenen Familien und den Familien der Kinder. In einem weiteren Schritt fragen Sie sich, welche Gruppen Ihrer Trägerorganisation für die Mithilfe in Frage kommen. Z. B. sind Jugendgruppenleiter oft froh, ein längerfristiges Thema für die Gruppe zu finden, zum Beispiel eine Cheerleadertruppe. Vielleicht übernimmt ein Teil des Seniorenkreises die Verpflegung der Gäste.

Fragen Sie dann Ihre Bekannten und die Bekannten der Eltern. Erhöhen Sie so Schritt für Schritt die Entfernung zum Kindergarten, bis Sie genug Freiwillige gefunden haben.

Zeigen Sie den Freiwilligen im Vorfeld, wofür Sie sich engagieren. Nehmen Sie nur den kleinen Finger, wenn Ihnen nur der kleine Finger geboten wird. Nutzen Sie Ihre Freiwilligen nicht aus.

Helfer nicht ausnutzen

Machen Sie konkrete Anfragen. Menschen helfen eher, wenn sie genau wissen, was sie erwartet und wie viel Zeit sie dafür investieren müssen. Auf den Ruf »Hilfe! Wir brauchen Hilfe!« bekommen Sie mehr Absagen als auf Fragen wie: »Sie haben doch dieses tolle orientalische Rezept. Haben Sie nicht Lust, Ihren leckeren Eintopf mal für 40 Leute zu kochen?« oder »Sie werkeln doch immer so gerne. Haben Sie nicht Lust, mit den Kindern mal Seifenkisten zu bauen?« Bedanken Sie sich bei Ihren Freiwilligen angemessen. Laden Sie zum Beispiel alle Helfer einige Tage nach der Veranstaltung zu einem net-

Dank an Helfer

ten Beisammensein ein. Nutzen Sie die Gelegenheit, um Danke zu sagen, Stimmungen und Verbesserungsvorschläge für das nächste Jahr zu sammeln. So schaffen Sie eine feste Gruppe von Menschen, die Sie in Ihrer Arbeit unterstützen. Wenn Sie das Projekt umgesetzt haben, laden Sie die Freiwilligen erneut ein. Zeigen Sie ihnen, was sie ermöglicht haben.

6. Der Weg zum »Renner«

Ein gutes Fundraising-Event beschäftigt Ihre Gemeinde nicht nur einen Tag. Sie brauchen eine Begeisterung, die Ihre Gemeinde schon Wochen vorher ergreift. Packen Sie Ihre Mitmenschen bei ihrem sportlichen Ehrgeiz, wecken Sie ihre Neugier. Am besten bringen Sie sie dazu, dass sie Wochen vorher anfangen zu trainieren.
Das erreichen Sie durch folgende Punkte:

6.1. Ein schöner Nachmittag für die ganze Familie

Programm für die ganze Familie

Kinderzauberer zu teuer – eigene Stärken nutzen

Wenn eine Familie zu Ihrem Event kommt, möchte sie einen schönen Nachmittag verbringen. Sie brauchen zusätzlich zur Meisterschaft, Tombola etc. ein attraktives Familien-Rahmenprogramm für jene, die gerade nicht um die Wette bauen, laufen, radeln oder jubeln.
Das Rahmenprogramm ist ein sehr starker Träger für einen hohen Bekanntheitsgrad. Es wirkt nicht sofort im ersten Jahr, in den folgenden Jahren um so mehr.
Viele Kindergärten denken, für ein attraktives Rahmenprogramm muss es die teure Vorstellung eines berühmten Kinderzauberers sein. Das stimmt nicht. Viel wichtiger ist das aktive Erleben von etwas Besonderem, an das man sich gerne erinnert. Sie können sicher sein, dass niemand so schnell ein Beduinen-Zelt vergisst, in dem Geschichten erzählt und vorgelesen werden, oder ein Stockbrot-Lagerfeuer, Fallschirmspiele mit der ganzen Familie, das gemeinsame Singen mit den Großeltern.
Gehen Sie in Ihrem Team auf Talentsuche. Finden Sie Ihre verborgenen Stärken. Mag einer von Ihnen besonders gern afrikanische Trommeln, möchte Kinder schminken oder einen Modellier-Workshop anbieten? Daraus lässt sich etwas für Ihr Rahmenprogramm machen.

48

Natürlich sollten Sie für das leibliche Wohl Ihrer Gäste sorgen. Das Verkaufen von Speisen und Getränken ist eine wichtige Einnahmequelle für Ihr Fundraising.

Erlebnisse für Gaumen und Magen

Um auch das Essen zu einem Erlebnis zu machen, können Sie sich ein Thema setzen. Ein Thema für eine Turmbaumeisterschaft wäre z. B. »So kocht man in Babel«. Interessant ist auch ein kleines »Sandwich-Stapeln«. Eventuell hilft Ihr Sponsor bei der Verpflegung Ihrer Gäste? Denken Sie daran, ein selbstgebackener Kuchen ist eher etwas Besonderes als ein gekaufter. Er ist wertvoller!

Wenn Sie ein Event wählen, bei dem es Teilnehmer und Publikum gibt, vergessen Sie bei Ihren Planungen die Stimmung des Publikums nicht. Achten Sie auf das Tempo des Events. Zu lange Umbauzeiten, zu lange Läufe, Rennen etc. drücken die Stimmung. Um das Tempo hoch zu halten, müssen Sie die Abläufe vorher testen. Teilen Sie eventuell Umbauteams ein.

Auch Zuschauer wollen Spaß haben

Überlegen Sie, wer das Event-Geschehen moderieren soll. Eine witzige Moderation ist für die Stimmung im Publikum entscheidend. Haben Sie vielleicht sogar Lust, eine Amateur-Cheerleadertruppe auf die Beine zu stellen oder zu engagieren?

Geben Sie den Zuschauern die Möglichkeit, aktiv zu werden. Sie können zum Beispiel einen »Jubelausstattungs-Verleih- und Verkaufsstand« organisieren. So wird Zuschauen zum Ereignis. Sie können Schwenkfähnchen, Knarren, Hupen, Tröten verkaufen oder verleihen, im Vorfeld einen Spruchbanner-Workshop anbieten. Ihrer Kreativität sind dabei keine Grenzen gesetzt. Aber nicht nur die Zuschauer profitieren. Was meinen Sie, wie sehr es die Teilnehmer anspornt, wenn richtig Stimmung im Zuschauerraum ist? Ganz nebenbei haben Sie eine neue kleine Einnahmequelle.

Über Projekt berichten

Auf keinen Fall sollten Sie vergessen, über Ihr Projekt zu berichten. Machen Sie die Problemlage klar, berichten Sie von ersten Erfolgen und informieren Sie über die Verwendung der Gelder. Ihre Gäste haben das Bedürfnis, zu erfahren, wofür sie Geld ausgeben.

6.2. Der Preis für die Sieger

Bei Turnieren, Meisterschaften, Tombolas etc. ist ein Anreiz der Preis für den Sieger. Setzen Sie sich im Team oder mit Ihrem Sponsoringpartner zusammen und überlegen, was eine spielbegeisterte Siegerin oder ein spielbegeisterter Sieger gewinnen möchte. Achten Sie darauf, dass der Gewinn witzig und erlebnisorientiert ist, spendieren Sie z. B. bei einer Bäckerei als Sponsor der Familie des Siegers einen Sommer lang jeden Sonntag frische Brötchen. Möglich sind auch eine Testfahrt im Sportwagen, eine Familienfreikarte für das Freibad, ein Gutschein für das Wellnessstudio, eine Freifahrt mit einem wirklich großen Bagger, ein Weihnachtsmann am Heiligen Abend….

Bei solchen Gewinnen wird der Kindergarten erneut mit außergewöhnlichen und positiven Erlebnissen in Verbindung gebracht und die Kosten halten sich in Grenzen.

Eine längere Tradition verlangt natürlich auch eine Urkunde und/oder einen Pokal für den Sieger. Beide sollten individuell gestaltet sein und den Namen und das Datum des Sieges verewigen. Eine Statue aus der Kindergartenwerkstatt ist auf jeden Fall besser als ein Standardpokal aus dem Schlüsselshop.

Gestalten Sie ein spezielles Siegerfoto. Ein Exemplar bekommt der Sieger, ein weiteres wandert in die »Siegergalerie«. Diese kann am besten im Laufe der Jahre im Laden Ihres Sponsors oder in Ihrem Kindergarten entstehen.

Gute Preise müssen nicht teuer sein. Sie sollen Spaß machen und spielerischen Ehrgeiz wecken.

6.3. Die Regeln bekannt machen

Planen Sie ein Turnier, einen Wettbewerb oder eine spezielle Tombola? Möchten Sie, dass sich die Teilnehmer vorher anmelden? Dann müssen Sie die Regeln vorher bekannt machen, damit Ihre Gäste wissen, worauf sie sich einlassen. Niemand sollte mit völlig anderen Erwartungen zu Ihnen kommen und enttäuscht werden.

Formulieren Sie die Regeln präzise, aber nicht bierernst. Ein Augenzwinkern hier und da zeigt den Leuten, dass Sie wissen, dass es nicht um den Gewinn einer Olympia-Medaille im 100-Meter-Lauf geht. Machen Sie neugierig auf Ihr Event.

Verteilen Sie im Kindergarten und im Laden ihres Sponsors Handzettel, maximale Größe: DIN A5, auf denen die Regeln erklärt werden. Eine Anmeldung muss unbedingt schon auf demselben Zettel sein. Am besten stehen auch gleich Einwurfkästen neben dem Stapel mit Handzetteln.

Entwerfen Sie eine große Papptafel, auf denen die Regeln erklärt werden. Ein Exemplar hängen Sie im Kindergarten auf und eines im Laden des Sponsors.

Auf Märkten oder ähnlichen Veranstaltungen können Sie die Handzettel an Passanten verteilen.

6.4. Plakate

Für regionale Veranstaltungen sind Plakate in Geschäften ein wichtiges Mittel, um bekannt zu werden. Überlegen Sie sich, in welchen Geschäften Ihre Zielgruppe für gewöhnlich einkauft oder wo sie ihre Freizeit verbringt.

Plakate nicht zu verspielt

Ihr Plakat muss Aufforderungscharakter haben. Beschränken Sie es auf das Wesentliche. Erwähnen Sie den Titel des Ereignisses, den Ort, die Zeit, den Zweck und den Sponsor. Wählen Sie ein markantes Symbol für Ihr Event.

Bezahlen Sie keinen teuren Druck der Plakate. Niemand erwartet von Ihnen einen Vierfarbdruck auf teurem Papier. Er macht im Gegenteil sogar den Eindruck, dass Ihre Einrichtung so hilfsbedürftig nicht sein kann. Eine schwarz-weiße DIN-A3-Kopie, evtl. auf farbigem Papier, tut es auch.

6.5. Regionale Medien

Nutzen Sie alle regionalen Medien, um die Regeln bekannt und auf das Event neugierig zu machen.

Kontakt mit Lokalreportern

Listen Sie alle Regionalzeitungen, Wochen- und Anzeigenblätter und eventuell regionale Radiostationen auf. Vielleicht kennen Sie einige Reporter persönlich? Vielleicht eignet sich auch ein regionales Medium als Partner?

Für alle anderen gilt Folgendes:

- Finden Sie heraus, wer der zuständige Ansprechpartner für Ihre Region ist.
- Entwerfen Sie eine kurze Pressemitteilung mit Titel, Veranstalter, Datum, Ort, Zweck, Sponsor, einer Kurzbeschreibung des

Events und des Rahmenprogramms, stellen Sie Fotos zur Verfügung. Im ersten Jahr nehmen Sie welche vom Kindergarten, die zum Projekt passen, in den folgenden Jahren Fotos von der Vorjahresveranstaltung.

■ Rufen Sie in der Redaktion an und kündigen Sie Ihr Schreiben an. Die meisten Redaktionen wollen es gerne als Fax übermittelt bekommen.

■ Gleichzeitig können Sie mit einer getrennten Einladung die Redakteure zu Ihrem Event einladen.

■ Verabreden Sie mit den Reportern, die zu Ihrer Veranstaltung kommen, in einem persönlichen Gespräch eine Berichterstattung über die Umsetzung Ihres Projekts.

6.6. Mund-zu-Mund-Propaganda

Mund-zu-Mund-Propaganda ist die wirksamste Werbemethode

Die Wirksamkeit von Veranstaltungshinweisen in Medien wird oft überschätzt. Sie haben zwar eine sehr hohe Reichweite, aber auch eine sehr hohe Streuung. Je überregionaler das Medium, desto weniger wirksam ist es für Ihren Zweck.

Die wirksamste Werbung für Ihr Event ist und bleibt die Mund-zu-Mund-Propaganda bei Ihnen im Ort. Mund-zu-Mund-Propaganda ist nicht so detailliert vorzuplanen wie die anderen Methoden. Aber die Vorbereitungen zu Ihrem Event sind keine Staatsgeheimnisse. Reden Sie darüber in Ihrem Kegelklub, in der Krabbelgruppe und beim Einkaufen. Jammern Sie nicht über die viele Arbeit, sondern reden Sie von Ihrer Begeisterung. Das macht neugierig.

Spannen Sie schon im Vorfeld möglichst viele Freiwillige ein. Die Kinder basteln gern die Verzierung für den Kuchenverkaufsstand oder helfen beim Anlegen einer Rennstrecke. Vielleicht hat die Jazztanzgruppe Ihrer großen Tochter Lust, eine Cheerleader-Formation zu werden. Ein Seifenkisten-Workshop im Vorfeld lockt vielleicht auch Erwachsene an, die sonst nicht in den Kindergarten kommen.

Möglichst jeder in Ihrem Ort soll vorher von Ihrem Event gehört haben und neugierig darauf sein.

7. Nebeneinnahmen vorbereiten

Neben den offensichtlichen Einnahmequellen wie Eintrittsgeldern, Losverkäufen oder Startgeldern gibt es für Ihr Event eine Reihe von Nebeneinnahmequellen. Diese »Neben«quellen sind nicht zu unterschätzen. Außerdem sind sie ein wichtiges Mittel, um das Fest zu gestalten. Sie prägen den Charakter der Veranstaltung.

Nebeneinnahmen nicht unterschätzen

Bitte denken Sie daran, dass Ihre Gäste auch nächstes Jahr wiederkommen sollen. Nehmen Sie sie nicht nach Strich und Faden aus. Überlegen Sie, welche Kosten auf eine Familie mit zwei Kindern zukommen und ob die Familie sich das leisten kann. Eine Familie sollte auch ohne Ihre Nebenangebote einen schönen Nachmittag bei Ihnen verbringen können.

Denken Sie an die Gesamtkosten für eine Familie

7.1. Essen und Trinken

Gute Laune geht durch den Magen. Die klassische Form der Nebeneinnahmen ist die Bewirtung Ihrer Gäste. Gutes Essen kann eine Veranstaltung gestalten. Mit dem Essen können Sie der Veranstaltung ein besonderes Gesicht geben. Vielleicht stellen Sie die Küche unter ein besonderes Thema, das zum Event oder zu Ihrem Projekt passt. Beim »Turmbau zu Babel« bieten sich »So kocht man in Babel« oder »Riesen-Turm-Sandwiches« an. Bei einer Papierflugmeisterschaft könnten Sie Windbeutel servieren. Sie können die Gelegenheit auch für ein kleines Showkochen oder einen Koch-Workshop nutzen. Die Düfte werden Ihren Gästen das Wasser im Mund zusammenlaufen lassen und so werden auch Bauch, Nase und Zunge Ihrer Gäste sich an ein besonderes Erlebnis erinnern.

Auch die Speisen prägen eine Veranstaltung

Es gibt verschiedene Möglichkeiten, mit der Bewirtung Gelder einzunehmen:

■ Sie und Ihre Helfer bereiten das Essen selbst zu. Die fertigen Speisen oder Zutaten spenden die Helfer, anschließend werden die Speisen an die Gäste verkauft. Diese Form gibt Ihrer Bewirtung die persönlichste Note. Das kann ein wichtiges Argument für Ihre Spender sein. Viele Menschen engagieren sich so für Sie, lernen Sie kennen und werden an Ihre Einrichtung gebunden.

Denken Sie bei der Preisgestaltung der Speisen und Getränke daran, dass ein selbstgebackener Kuchen etwas Besonderes ist, verglichen mit einem gekauften. Er sollte nicht verramscht werden, denn er ist wertvoll.

Die Köche und Bäcker sind Spender. Bedanken Sie sich bei Ihnen wie bei anderen Helfern. (Eventuell möchte jemand eine Spendenquittung haben.)

■ Sie kaufen die Getränke und Speisen bei professionellen Herstellern oder die Hersteller haben einen Stand bei Ihnen. Die Speisen werden dann mit einem Spendenaufschlag an die Gäste verkauft.

Diese Form macht deutlich weniger Arbeit, ist aber wesentlich unpersönlicher. Ihre Gäste kennen die Speisen wahrscheinlich schon – und auch die üblichen Preise sind ihnen vertraut. Ihre Bewirtung wird den Gästen dadurch relativ teuer erscheinen.

Der Spendenaufschlag kann deshalb nicht sehr hoch sein. Die Einnahmen sind geringer als bei gespendeten Speisen. Eventuell tragen Sie das Risiko, nicht alle gekauften Speisen und Getränke zu verkaufen. Das kann schnell Ihren Gewinn schlucken.

■ Professionelle Anbieter pachten einen Stand bei Ihrem Event und verkaufen Speisen und Getränke auf eigene Rechnung. Sie bekommen vom Anbieter eine Standgebühr.

Diese Methode macht ebenfalls wenig Arbeit, wirkt aber auch unpersönlich.

Ihre Einnahmen sind fest. Sie gehen kein Risiko ein, haben aber auch keine Chance auf unerwartet große Erfolge.

Denken Sie daran, dass auch Menschen, die andere Essgewohnheiten haben als Sie, etwas zum Schlemmen bei Ihrem Event finden sollten, etwa Moslems, Vegetarier, Diabetiker, Allergiker etc.

7.2. Fotos

Fotos gleich zum Mitnehmen

Kennen Sie die Fotos, die Sie in Freizeitparks an der Loopingbahn oder Wildwasserschussfahrt kaufen können? Viele Menschen geben 12 Euro und mehr für ein lustiges Erinnerungsfoto aus. Das können Sie Ihren Gästen auch anbieten! Stellen Sie sich vor, wie Pauls Papa beim Wasserpistolen-Zielfangen eine ganze Ladung blauer Farbe abbekommt oder Lena bei der Turmbaumeisterschaft einen Turm baut, der größer ist als sie selbst. Ganz abgesehen davon, dass die Sieger im Seifenkistenrennen dem Zieleinlauffoto kaum widerstehen können, vor allem wenn man das Foto sofort mitnehmen kann.

Alles was Sie für dieses Angebot brauchen, können Sie sich leicht für einen Nachmittag leihen, da es inzwischen weit verbreitet ist:

einen PC mit Fotosoftware, eine Digitalkamera, einen Farbdrucker, der DIN-A4-Fotos ausdrucken kann.

Dazu brauchen Sie Fotopapier, eine Tintenpatrone und eventuell Rahmen.

Rechnen Sie genau aus, welche Kosten beim Drucken für Papier und Tinte entstehen und addieren Sie einen Spendenaufschlag von 2 bis 3 Euro. Teilen Sie mindestens einen rasenden Fotoreporter ein. Wichtig ist, dass die Fotos möglichst bald nach dem Aufnehmen schon gedruckt sind. Sie können Ihren Gästen eine Vorauswahl auf dem Bildschirm anbieten. Anschließend drucken Sie nur die Fotos aus, die Sie verkauft haben. So haben Sie später auch genügend Bildmaterial für Ihre Ausstellung, die Siegergalerie und die Presseinformationen.

Achten Sie darauf, dass die Kamera eine gute Auflösung bietet. Bei einer Vergrößerung auf DIN A4 sollte das Bild nicht zu körnig werden. Lassen Sie sich einige Wochen vorher die Bedienung der Kamera und der Fotosoftware erklären und üben Sie in der Zwischenzeit den Umgang damit. Am Tag des Events soll ja alles wie am Schnürchen klappen.

7.3. Merchandising

Bestimmt kennen Sie die Spielfiguren zum »Star Wars«-Film, die Gummibären zur »Käpt´n Blaubär«-Serie oder Buch oder Soundtrack zum neuesten TV-Dreiteiler. Solchen Verkauf von Produkten neben den eigentlichen Produkten nennt man Merchandising. In der Filmindustrie sind die Einnahmen des Merchandisings inzwischen häufig höher als die der Filme selbst.

Auch im gemeinnützigen Bereich wird das Merchandising immer wichtiger. So verkauft zum Beispiel ein Delfin-Schützer-Verein Plätzchen-Ausstechformen in Form von Delfinen auf dem Weihnachtsmarkt, eine Stadt gibt für den Erhalt eines historischen Theatersaals wertvolle Kunstdrucke heraus und eine Kirchgemeinde lässt kostbare Uhren mit einer Zeichnung der Kirche versehen und verkauft sie zu Gunsten der Restaurierung des Kirchendachs. Viele Schulen und Kindergärten verkaufen T-Shirts oder Becher mit Logo-Aufdruck. Sie können auf dem Event ebenfalls eigene Merchandising-Produkte mit Spendenanteil verkaufen. Dabei sollten Sie Folgendes beachten:

Vorlaufkosten vermeiden

Nehmen Sie nur Produkte, die keine großen Summen binden. Es nützt Ihnen nichts, wenn Sie beim Bedrucken von Kaffeebechern einen tollen Rabatt bekommen, weil Sie 250 Becher bestellt haben, wenn Sie nur 50 verkaufen. Meist reicht ein kleiner Restbestand aus, um den gesamten Gewinn der Aktion aufzubrauchen.

Am besten sind Artikel, die erst in dem Moment hergestellt werden, wenn sie verkauft werden oder die auf Kommission gekauft werden können. Das ist zum Beispiel bei Buttons der Fall.

Wenn Sie die Artikel selbst herstellen, berücksichtigen Sie die Materialkosten. Gehen Sie nicht davon aus, dass Sie alles verkaufen.

Ungewöhnlich und originell

Nehmen Sie nur Artikel, die die Menschen auch haben wollen. Natürlich sieht ein T-Shirt mit dem Logo des Kindergartens toll aus. Aber wer möchte in seiner Freizeit mit einem Kindergarten-Logo auf der Brust rumlaufen – zumal die meisten T-Shirts auf Weiß gedruckt werden.

Geistesblitze zum Event, Projekt oder Kindergarten

Je ungewöhnlicher und origineller das Produkt, desto besser. Kugelschreiber verteilen auch die Volksbank und der Opelhändler. Schmunzeln ist ein gutes Argument für Ihr Merchandising.

Artikel, die zum Event, zum Projekt oder Kindergarten passen, verkaufen sich besser:

Gummienten beim Gummientenrennen, Papier-Faltanleitungen bei der Papierflugmeisterschaft, Plätzchenausstecher in Form eines Baums für die naturnahe Außengeländegestaltung oder Pipi-Langstrumpf-Socken beim Event der Villa Kunterbunt. Lassen Sie auch hier Ihrer Kreativität freien Lauf.

7.4. Den Sieger erraten – das »Groschenglas«

Schätzfragen wecken Spiellaune

Spielerischer Ehrgeiz ist für viele Erwachsene und Kinder eine mächtige Antriebskraft. Mit einem Groschenglas können Sie diesen Ehrgeiz zusätzlich wecken.

Dabei geben Zuschauer oder Teilnehmer einen Tipp auf den Verlauf des Wettbewerbs ab. Für jeden Tipp werfen die Tipper eine bestimmte Münze in ein Glas, z. B. 50 Cent. Natürlich kann ein Tipper mehrere Tipps abgeben. Die Tipps werden schriftlich und gut sichtbar auf einer Tafel festgehalten.

Der Tipper, der die genaueste Vorhersage gemacht hat, gewinnt das Gewicht des Glases, in Schokolade aufgewogen, oder einen anderen, vorher festgelegten und zum Event passenden Preis (siehe Kapitel »Der Preis für die Sieger«).

Sie können bestimmen, auf welches Ereignis genau gesetzt werden muss. Das kann zum Beispiel der Name des Siegers, der Name des Fünft-Platzierten, die Siegesweite oder die Siegeszeit sein.

Bei Schätzfragen ist die Dynamik am größten, die zwischen Tippen und Wettbewerb entsteht. Stellen Sie sich vor, Sie haben eine Meisterschaft, bei der die beste Weite eines Papierflugzeugfluges gewinnt. Jemand tippt zu Anfang der Meisterschaft auf eine Siegesweite von fünf Metern und 20 Zentimetern. Diese Weite wird aber schon bald übertroffen. Nun kann er selbst noch einen weiteren Tipp abgeben, um das Groschenglas doch noch zu gewinnen. Diesmal setzt der Tipper auf zwölf Meter und 37 Zentimeter. Nach eine Weile stellt sich aber heraus, dass ein anderer Tipper mit elf Metern und 12 Zentimetern besser getippt hat. Also macht sich unser Tipper daran, ein besseres Papierflugzeug zu bauen, das die zwölf Meter 37 erreicht. So gewinnt er den Wettbewerb und das Groschenglas. Gewinnt er aber nicht, haben Sie doch mehrere Tipps von ihm angenommen und er hat mehrere Male bei der Papierflugmeisterschaft das Startgeld bezahlt.

Einen besonderen Spieleffekt hat es, wenn Sie nicht auf einen Superlativ tippen lassen, sondern die Weite oder Zeit des Fünften oder Siebten in der Gesamtwertung schätzen lassen.

Streng genommen handelt es sich bei dem Groschenglas um ein Glücksspiel. Achten Sie darauf, dass es nicht um hohe Summen geht. Der Preis muss einen spielerischen und erlebnisorientierten Charakter haben. Im anderen Fall besteht die Gefahr, dass die Stimmung auf Ihrem Event umschlägt, weil jemand unbedingt die 2350 Euro des Groschenglases gewinnen möchte, um seine Schulden zu bezahlen.

Art des Preises bestimmt Spielcharakter

7.5. Jubelausstattung

Jubeln mal anders

Begeistertes Publikum möchte seine Begeisterung zeigen. Bieten Sie Ihren Gästen die passende Ausstattung zur Begeisterung.

Paul und sein Papa starten beim Turmbauturnier. Sie haben lange gegrübelt, wie sie ihre Mannschaft nennen wollen. Schließlich haben sie sich für Pauls Vorschlag entschieden: »Pauls Piraten-Gang«. Sie wollen sich zum Start mindestens mit Kopftüchern ausstatten. Paul wollte auch noch Augenklappen und ein Holzbein, aber sein Papa meinte, damit wären sie beim Bauen nicht mehr so gut.

Pauls Mama und seine große Schwester Lena wollen die beiden unbedingt anfeuern. Klar, die beiden können immer wieder »Pauls Piraten-Gang« rufen. Aber was meinen Sie, wie die Stimmung steigt, wenn Pauls Mama und Lena ein großes Spruchband »Pauls Piraten-Gang- Fans« tragen und mit Tröten, Rasseln und Knattern das ganze untermalen?

Jubelausstattung á la carte

Bieten Sie bei dem Event einen »Jubelausstattungs-Verkaufs- und Verleihstand« an. Dort gibt es Schwenkfähnchen, Rasseln, Tröten, Hupen, Knattern, Trommeln und alles, was sonst noch rhythmischen Krach macht. Das Ganze muss nicht teuer sein. Leere Kanister mit Trommelstock, Überraschungseier-Döschen mit einigen Reiskörnern sind billig und schnell gemacht. Bessere Trommeln und Rasseln gibt es kaum. Bestimmt fällt Ihnen noch mehr ein.

Wenn Sie die »Jubelausstattung« vorher kaufen, denken Sie daran, dass Sie nicht alles wieder verkaufen werden. Am besten vereinbaren Sie mit einem Laden in Ihrer Stadt eine Kommissionslösung. So können Sie die Knattern, Trommeln etc., die Sie nicht verkauft haben, nach dem Event wieder zurückbringen.

Um das Publikum noch mehr in das Geschehen einzubeziehen, können Sie auch einen Jubelworkshop im Vorfeld anbieten. Dort können dann die »Fan-Clubs« gegen eine geringe Gebühr Spruchbanner, Schwenkfähnchen und Fan-T-Shirts bemalen und Krachmacher selber basteln.

Um die Höhe der Gebühr festzulegen, zählen sie alle Materialkosten zusammen, die sie gegebenenfalls haben sollten. Gehen Sie davon aus, dass Sie höchstens die Hälfte aller vorbereiteten Sachen verkaufen. Alles, was Sie außerdem unter die Fans bringen, ist die Einnahme für das gemeinnützige Projekt.

Achten Sie darauf, dass Sie keine zu zeitaufwändigen Bastelvorhaben starten. Sonst passiert es, dass die Jubelausstattung erst fertig wird, wenn die entsprechende Mannschaft bereits ausgeschieden ist.

Auch wenn alle Zuschauer mit Krachmachern versorgt sind, nutzen sie sie nicht sofort. Da hilft dann eine Amateur-Cheerleadertruppe, Vortrommler oder ein guter Moderator.

Cheerleader und Vortrommler

7.6. Versteigerungen

Eine Versteigerung kann ein besonderer Publikumsmagnet sein.

Spannungsbogen

Versteigern Sie keine »Wertanlagen«. Der Charakter der Versteigerung sollte nicht zu ernst sein. Das birgt die Gefahr, dass die Stimmung des Events kippt. Andererseits sollte sich der Versteigerer genau an die Regeln halten und nicht alle guten Stücke seinem besten Freund zuschachern.

Beachten Sie, dass die besten Stücke zum Schluss versteigert werden. Damit kann sich Spannung aufbauen und das Publikum bleibt bei Laune. Sie brauchen einen Versteigerer, dem es liegt, das Publikum zu unterhalten und aus der Reserve zu locken, der die Stimmungslage im Publikum im Fingerspitzengefühl hat.

Versteigern können Sie gespendete Sachpreise. Oft sind Geschäfte bereit, ein gemeinnütziges Ziel mit einer Sachspende zu unterstützen. Die Vorbereitung einer solchen Aktion ist zeitaufwändig.

Sie können für eine Versteigerung aber nicht alle Sachspenden gebrauchen:

■ Sie brauchen keine Wurfartikel mit Firmenaufdruck. Es lohnt sich nicht, hierfür eine Versteigerung anzufangen. Es entsteht keine Spannung. Solche Spenden können Sie eher als Trostpreise beim eigentlichen Wettbewerb vergeben.
■ Sie brauchen keine Gutscheine mit aufgedrucktem Wert. Niemand wird für einen 20 Euro-Gutschein 32,50 Euro bieten.
■ Sie brauchen keine Spenden, die den eigentlichen Preis der Sieger in den Schatten stellen.

Am besten eignen sich Unikate mit Schmunzelfaktor für eine Versteigerung. Diese Unikate können zur Veranstaltung, zu Ihrer Einrichtung oder zum Projekt passen:

Unikate mit Schmunzelfaktor

- So können Sie bei einem Gummientenrennen eine Ente von einem Prominenten aus dem Ort signieren lassen.
- Bei einer Papierflugmeisterschaft können Sie ein Papierflugzeug von einem stadtbekannten Künstler verzieren lassen.
- Die Kindertagesstätte »Spatzennest« kann Kunstdrucke des Gedichts »Die drei Spatzen« versteigern.
- Zu einem Gartenprojekt können die Kinder ein zwei Meter hohes Kunstobjekt in Form eines Baums bauen.

Lassen Sie Ihrer Fantasie wieder freien Lauf. Wieder gilt: je origineller die Idee, desto mehr Erfolg werden Sie haben.

7.7. Basare

Bei vielen Kindergärten sind Basare sehr beliebt. Eltern lassen sich nach Möglichkeit keinen guten Basar entgehen.

Es gibt zwei Arten von Basaren. Beim ersten Basartyp nutzt der Kindergarten seine Vermittlerrolle zwischen verschiedenen Eltern. Der Kindergarten wird zur Kontaktbörse für alle Familien mit kleinen Kindern. Hier werden Kindersitze einer Größe gegen Kindersitze der anderen Größe getauscht, zu klein gewordene Schlittschuhe finden neue Besitzer und Kinderklamotten in allen Farben und Zuständen wechseln das Zuhause.

Wenn überhaupt kassiert wird, zahlen die Eltern nur eine geringe Standgebühr. Der eigentliche Gewinn ist der Basar als Publikumsmagnet.

Bei dem anderen Basar werden selbst gebastelte Kunstwerke oder private Spenden verkauft. Die Einnahmen kommen dem Projekt zu Gute.

Achten Sie darauf, dass die Basare nicht zum Mittelpunkt des Festes werden und Sie Ihre Gäste nicht ausnehmen. Die eigentliche Tradition, die Sie ins Leben rufen möchten, ist das Event.

7.8. Spenden

Es ist nicht der eigentliche Zweck Ihres Events, Spenden mit der Sammelbüchse einzusammeln. Ihre Gäste möchten einen schönen

Nachmittag bei Ihnen verbringen und sich entspannt zurücklehnen können. Eine unfreiwillige Begegnung mit einer scheppernden Sammelbüchse kann diese Stimmung zerstören.

Keine Sammelbüchsen

Seien Sie aber auf Spenden vorbereitet. Es kann gut sein, dass Ihnen ein begeisterter Gast für Ihr gemeinnütziges Projekt noch eine Spende geben möchte. Alle Helfer auf dem Gelände sollten als Helfer erkennbar sein, z. B. durch Namensticker, einheitliche T-Shirts oder Mützen.

Auf Spenden vorbereitet sein

Jeder Helfer muss wissen, was er zu tun hat, wenn ihm jemand eine Spende anbietet:

- sich dem Spender freundlich zuwenden,
- sich je nach Situation so viel Zeit wie möglich nehmen,
- ihn persönlich zur »Chefspendeneinsammlerin« bringen.

Die »Chefspendeneinsammlerin« sollte dann:

- die Gelegenheit zu einem Gespräch nutzen,
- die Spende in einen deutlich erkennbar für Geld bestimmten Behälter verstauen,
- eine Spendenquittung parat haben und anbieten,
- nach Möglichkeit Name, Anschrift des Spenders und den gespendeten Betrag notieren,
- dem Spender oder der Spenderin anbieten, in Kontakt zu bleiben und über das Projekt zu berichten.

8. Timing bedenken

Unser aller Wahrnehmung ist durch Fernsehen und gelungene Veranstaltungen seit langer Zeit auf gut abgestimmte Zeitabläufe eingestellt. Auch Sie müssen für Ihr Event das Timing einer Veranstaltung beachten. Für alle Punkte gilt: lieber eine Aktion abbrechen, wenn sie noch auf dem Stimmungshöhepunkt ist, als wenn ein Teil Ihrer Gäste schon anfängt, sich zu langweilen. Wenn Langeweile erst einmal aufgekommen ist, lässt sie sich nur sehr schwer wieder beheben. Es wird dann immer unwahrscheinlicher, noch besondere Erlebnisse zu schaffen.

Bloß keine Langeweile!

Anfang und Schluss setzen

Die Spiele sind eröffnet

Setzen Sie den Anfang und den Schluss Ihres Events aktiv und bewusst. Weder der Anfang noch das Ende Ihres Events darf dahinplätschern.

Sorgen Sie dafür, dass Sie jeder sehen und hören kann. Lenken Sie die Aufmerksamkeit möglichst aller Anwesenden auf sich. Begrüßen Sie Ihre Gäste und erklären Sie zum Beispiel Ihr Event ganz olympisch für eröffnet. Zum Schluss »erklären Sie die Spiele für beendet« und wünschen Sie Ihren Gästen noch einen guten Heimweg.

Keine Reden

Nichts ist schädlicher für das Timing einer Veranstaltung als Reden. Sie bewirken in direkter Folge, dass die Gäste im nächsten Jahr gleich eine halbe Stunde später kommen oder ganz wegbleiben.

Wenn es sich gar nicht vermeiden lässt, dass eine offizielle Person ein paar Worte an Ihre Gäste richtet, begrenzen Sie die Zeit radikal. Dankesreden bei Filmpreisverleihungen sind zum Beispiel auf 30, maximal auf 60 Sekunden beschränkt.

Musik

Keine Techno-Party der Schlümpfe

Musik vermeidet peinliche Stille und kann Stimmungen lenken, wenn sie gekonnt aufgelegt wird.

Passen Sie aber auf, dass die Musikauswahl nicht einen Teil Ihrer Gäste abschreckt. So gehen Kinderliedermacher vielen Erwachsenen auf die Nerven, volkstümliche Musik schreckt Jugendliche und viele Erwachsen ab und die Techno-Party der Schlümpfe verursacht nicht nur bei den Großeltern Kopfschmerzen. Die Musik darf auch nicht zu laut sein, denn Sie wollen mit dem Event vor allem Platz für Begegnungen und Gespräche bieten.

Eventuell besorgen Sie sich die Hilfe eines DJs aus Ihrem Bekanntenkreis. Ein guter DJ kann auf alle Gästegruppen eingehen und spürt die Stimmungslage im Publikum.

Moderation

Der Tonfall des ganzen Events liegt in den Händen der Moderation

Für das Event brauchen Sie auf jeden Fall einen Moderator, der durch die Veranstaltung führt. Er sollte gekonnt vor Menschen reden können, Stimmungen erkennen und aufgreifen und sich für das Timing des Events verantwortlich fühlen.

Je nach den räumlichen Gegebenheiten benötigen Sie für den Moderator ein Mikrofon und einen Lautsprecher. Mit der Moderation steht und fällt der Tonfall Ihres Events. An diese Stimme wird sich ein Gast erinnern. Deshalb sollten Sie keinen Moderator nehmen, der sonst überhaupt nichts mit der Planung des Festes zu tun hatte. Ein Außenstehender weiß nicht, welche Stimmung Ihnen vorschwebte, als Sie sich die Idee für Ihr Event das erste Mal auf der Zunge zergehen ließen. Er weiß auch nicht, welcher Tonfall bei Ihnen im Kindergarten herrscht.

Cheerleader und Vortrommler

Immer beliebter werden die Cheerleader. Eine Cheerleadertruppe kann für die Stimmung im Publikum Wunder wirken, wenn Sie ein Event mit Wettbewerbscharakter gewählt haben. Vielleicht findet sich in Ihrem Umfeld eine junge, aufstrebende Jazztanzgruppe, die Lust hat, eine Cheerleadertruppe aufzubauen.

Profi-Stimmungsmacher

Falls Ihnen der Glanz und Glamour der Cheerleader nicht liegen, können Sie auch eine Parodie inszenieren. Clowns oder Träger gelber Overalls werden Vortrommler und versuchen, mit gekonnt ungekonnten Cheerleader-Schrittkombinationen das Publikum für das Anfeuern der Wettbewerbe zu begeistern.

Wieder einmal gilt: Es kommt nicht auf die Perfektion, sondern auf die Originalität an.

Hilfsmannschaften

Viele Events und Feste haben zu lange Umbauphasen, in denen die aufgebaute Stimmung wie ein Soufflée in sich zusammenstürzt.

Gute Umbaumannschaften sind Öl im Getriebe des Events

Beachten Sie schon bei der Planung, wann ein Umbau notwendig ist. Zum Beispiel, wenn Sie beim Turmbau zu Babel den Turnierplatz und die Türme der vorhergegangen Partien abräumen müssen und alles wieder in die Anfangsposition gebracht wird.

Führen Sie die Umbauphasen so schnell wie möglich durch. Teilen Sie dafür genügend Leute ein und üben Sie das Umbauen vorher. Wenn Sie Ihren Hilfsmannschaften Bauhelme, einfarbige Overalls oder Straßenbauarbeiter-Westen besorgen, hat das Publikum etwas zu gucken und ganz schnell ist aus der lästigen Umbauphase ein Programmpunkt mit Unterhaltungswert geworden.

9. Planung

Die umgedrehte Was-passiert-dann-Maschine

Die Planung eines Events funktioniert ähnlich wie eine Was-passiert-dann-Maschine, nur dass man von hinten anfängt, sie zu konstruieren.

Um zum Beispiel eine eingespielte Hilfsmannschaft für das Umbauen zu haben, müssen am Tag der Veranstaltung alle Helfer und die Ausstattung da sein. Zehn Tage vorher müssen die Abläufe geprobt werden, einige Tage davor müssen alle Kostüme besorgt sein. Drei Wochen davor muss die Suche nach den Kostümen beginnen, einige Zeit davor wiederum beginnt die Suche nach den Freiwilligen, davor muss entschieden werden, wann das Event überhaupt stattfindet, davor muss festgestellt werden, welche Art von Event geplant ist und davor müssen Sie das Projekt auswählen.

Um die Tische zu dekorieren, müssen Sie die Tische aufstellen, müssen Sie die Tischdecken und Leuchter besorgen, müssen Sie vorher entscheiden, wie die Tische dekoriert werden sollen, müssen Sie die Tische organisieren, müssen Sie entscheiden, wie viele Tische aufgestellt werden, müssen Sie feststellen, wie viel Platz Sie für Tische haben, müssen Sie das Festzelt bestellen, müssen Sie wissen, welche Gegebenheiten das Festzelt braucht, müssen Sie Angebote für das Festzelt einholen, müssen Sie einen Sponsor für das Festzelt suchen, müssen Sie einen Termin für das Event festlegen, müssen Sie das Event- und das Projekt-Thema bestimmen.

Entscheidungs-, Erledigungs- und Materialliste

Was kommt vorher noch?

Entscheidungen brauchen Zeit

Stellen Sie zunächst eine möglichst komplette Liste auf, mit allen Dingen und Personen, die an dem Tag des Events da sein müssen.

Überlegen Sie nun, was Sie in umgekehrter Reihenfolge vorher besorgen, erledigen und entscheiden müssen. Die Listen werden nicht von Anfang an komplett sein. Lassen Sie genug Platz für Ergänzungen.

Zeitplan

Zeitpuffer lassen

Erstellen Sie einen großen Zeitplan von heute bis zum Tag des Events. Tragen Sie nun rückwärts vom Tag des Events an alle Besorgungen, Erledigungen und Entscheidungen ein. Überlegen Sie sich, wie viele Tage wofür benötigt werden. Bedenken Sie, dass auch Entscheidungen Zeit brauchen.

Addieren Sie dann einen Zeitpuffer von mindestens 33 Prozent des geschätzten Zeitraums. Dort tragen Sie dann die vorherliegende Aufgabe ein.

So sehen Sie auf einen Blick, wenn an einem Tag unrealistisch viel zu tun ist. Sie müssen dann diesen Tag »entzerren« und einiges vorher erledigen. Bedenken Sie, dass Sie dann auch alle vorher geplanten Aufgaben nach vorne legen.

Planen Sie in immer kleiner werdenden Abständen Koordinationstreffen ein. Einen Tag vor dem Event ist das Treffen dafür gedacht, sich gegenseitig zu beruhigen und zu motivieren; eine Woche vor dem Event, um zu sehen, dass alles steht; einen Monat vor dem Event, um die letzten Unklarheiten zu beseitigen; drei und sechs Monate vorher, um Aufgaben zu verteilen und alle auf denselben Wissensstand zu bringen.

Es muss allen Beteiligten klar sein, dass nur eine einzige Person diesen Zeitplan führt und korrigiert, nämlich Sie selbst.

Treffen sorgen für gleichen Wissensstand und motivieren

Nur eine Person ergänzt den Zeitplan

Zuständigkeit

Im Zeitplan brauchen Sie Platz, um für jede noch so kleine Aufgabe eine zuständige Person zu notieren. Es darf in jedem Fall nur eine Person sein, die für eine Besorgung, Erledigung oder Entscheidung verantwortlich ist.

Das bedeutet nicht unbedingt, dass diese Person eine Aufgabe allein erledigen muss. Sie ist aber allein dafür verantwortlich, dass die Aufgabe gelingt. Das gilt vor allen Dingen auch für Entscheidungen.

So können Sie für jede beteiligte Person Aufgabenlisten erstellen und sehen schnell, wann wer zu viel zu tun hat und entlastet werden muss. Häufig passiert es, dass sich gerade die Planer selbst für zu viele Aufgaben einteilen. Denken Sie daran, dass der Tag nur 24 Stunden hat. Was Sie niemand anderem anvertrauen möchten, müssen Sie in der Planung nach vorne verlegen. Niemand hat etwas davon, wenn Sie zwei Tage vor oder nach dem Event zusammenklappen und krank sind.

Eine Aufgabe – ein Zuständiger

Eigene Grenzen beachten

Kostenplan

Teilen Sie jemanden ein, der den Kostenplan des Events führt, und bestimmen Sie eine Person, die denjenigen überprüft. So vermeiden Sie Rechenfehler, Zahlendreher und ein Ausufern der Budgets.

Aus dem Zeitplan mit den Aufgaben können Sie ablesen, bei welchen

Ein Kostenplaner und ein Nachrechner

Budget-Denken
vermeiden

Versteckte Kosten,
unerwarteter
Kleinkram und
spontane Käufe

Schritten Ausgaben notwendig werden. Besprechen Sie gemeinsam mit den Zuständigen dieser Aufgaben einen nicht zu knappen Kostenrahmen und suchen Sie nach günstigeren Alternativen.

Der Kostenplaner ist auch die Anlaufstelle, wenn ein Etat wider Erwarten nicht ausreicht. Er hat den Überblick, ob vielleicht eine andere Ausgabe etwas preisgünstiger geworden ist und die Beschaffung daher doch noch möglich ist.

Achten Sie darauf, dass kein Budget-Denken bei den Beteiligten entsteht. Nur weil eine Ausgabe einmal beschlossen und genehmigt worden ist, heißt es noch lange nicht, dass dieser »Topf« auch voll ausgeschöpft werden muss. Machen Sie allen Geldausgebern klar, dass jeder gesparte Euro ein Euro für das gemeinnützige Projekt ist. Denken Sie auch an versteckte Kosten wie Steuern und Gebühren. Planen Sie einen nicht zu kleinen Puffer für unerwarteten Kleinkram ein. Aber Vorsicht: Spontane Käufe sind die teuersten.

10. Der große Tag ist da

Der große Tag ist da! Endlich!! Jetzt heißt es: Ruhe bewahren!!!

Wenn Sie und Ihre Helfer Hektik verbreiten, kann keine gute Laune entstehen. Freuen Sie sich auf den Tag und zeigen Sie, dass Sie Spaß am Event haben. Nur so kann der Funke auf Ihre Gäste überspringen. Erstellen Sie einen detaillierten Zeitplan für den Tag und tragen Sie für jede Person die Aufgaben zu den unterschiedlichen Zeitpunkten ein. So sehen Sie, ob auch niemand zur Zweiteilung eingeteilt worden ist.

Verplanen Sie nicht jede Sekunde Ihrer Helfer. Auch die wollen Ihren Spaß haben. Lassen Sie zwischen den verschiedenen Aufgaben der einzelnen Personen Luft. Wenn Sie sich den Luxus erlauben können, teilen Sie sich selbst als Notfallspringer ein.

Möglichst viel an
den Tagen vorher
erledigen

Abläufe proben

Alle Beteiligten haben an diesem Tag genug zu tun. Durchforsten Sie den Zeitplan im Vorfeld und verlagern Sie so viele Aufgaben wie möglich auf die Tage vorher. Die Tische können schon vorher aufgestellt werden, oft auch schon die Tischdekoration. Die Musikanlage ist schon am Abend vorher verkabelt und die Mikrofone sind getestet. Stellwände stehen vorher, Beduinenzelte sind aufgebaut, Kostüme und Schminkutensilien liegen bereit.

Proben Sie auch alle Abläufe an den Vortagen, inklusive der Umbau-

und Garderobenphasen. Sorgen Sie dafür, dass jeder seine Aufgaben in- und auswendig kennt. Jeder muss auch wissen, was zu tun ist oder wen er im Zweifelsfall fragen kann, wenn zum Beispiel die Trinkbecher ausgegangen sind oder ein Spender sich meldet.

Jeder Helfer findet das Erste-Hilfe-Set und die Putzsachen allein – nur für den Fall, dass eine Torte auf dem Stuhl, dem Fußboden oder dem Gast gelandet ist.

Jeder weiß, was zu tun ist

Geben Sie sich bitte nicht der Illusion hin, dass Sie den Tag hundertprozentig vorplanen und »durchstylen« können. Es wird nicht alles so laufen, wie Sie sich das vorstellen und es wird auch einiges schief gehen. Aber das macht nichts. Jeder wird sehen, wieviel Mühe Sie sich gemacht haben. Fehler sind dazu da, um daraus zu lernen. Sie brauchen den Mut zur Improvisation.

Fehler passieren

Ideensammlung und Anregungen

Spiele bringen den Menschen Spaß. Sie wecken den spielerischen Ehrgeiz und begeistern Männer, Frauen und Kinder. Gerade Spiele, bei denen Kinder und Erwachsene gleiche Chancen haben, sorgen für eine ungezwungene und freundliche Atmosphäre. Durch Spiele können Sie Menschen Erlebnisse mit starken Emotionen ermöglichen und sie für Ihr Projekt begeistern.

Es müssen dabei keine lauten Spiele sein, die nach Hochleistungssport oder Weltrekorden riechen. Sie wollen keinen Eintrag in das Guinness-Buch der Rekorde. Oft sind es gerade die kleinen, scheinbar unspektakulären Spiele, die die Menschen begeistern.

Sie und Ihre Kolleginnen sind Experten für Spiele. Nutzen Sie Ihr Wissen, Ihre Kreativität und Ihre Erfahrung, um das richtige Spiel für Ihr Event zu finden:

- Sie brauchen Spiele, bei denen möglichst viele mitmachen können.
- Suchen Sie Spiele, die Männer, Frauen und Kinder gleichermaßen interessieren.
- Testen Sie, ob Männer, Frauen und Kinder die gleichen Chancen haben.
- Eine besondere Dynamik haben Spiele mit Mannschaften. Menschen lassen sich auch eher dazu überreden, sich zu beteiligen, wenn sie Unterstützung an ihrer Seite haben.
- Am besten sind Mannschaften, die jeweils aus zwei oder drei Generationen bestehen oder immer aus beiden Geschlechtern. Je gemixter die Mannschaften, desto eher vermeiden Sie einen »verbissenen Väterwettstreit«. Sie transportieren den Gedanken, etwas gemeinsam zu machen.
- Suchen Sie Spiele, die neugierig machen. Am besten muss

man vom Zusehen schon ein Kribbeln in den Fingern spüren und denken: Das will ich auch mal ausprobieren.

■ Wählen Sie ungewöhnliche Spiele. Nichts gegen Sackhüpfen, aber das Bild hat man schon oft gesehen. Das Bild Ihres Spiels sollte einmalig sein. Damit bleibt es länger im Gedächtnis hängen und wird eher mit Ihnen und Ihrem Projekt in Verbindung gebracht.

■ Versuchen Sie, das Verlieren nicht bitter zu machen. Bei Ihnen sollte Dabeisein wirklich die Hauptsache bleiben.

■ Spiele mit Wechselwirkungen zwischen den einzelnen Teilnehmern sind interaktiver und lustiger.

■ Spiele mit unkalkulierbaren Faktoren, die die Sinne verwirren, sind nicht planbar. Das chaotische Moment bringt mehr Spaß und weniger Verbissenheit in Ihr Event. So können Sie zum Beispiel die linken Füße der Mannschaftsteilnehmer zusammenbinden, die Hände auf den Rücken verbannen, den Mund oder die Füße etwas tun lassen, was sonst die Hände machen.

■ Testen Sie die Spiele vorher unter Realbedingungen. Die meisten Spiele funktionieren erst nach mehreren kleinen Regeländerungen.

■ Testen Sie vorher, ob Unbeteiligte die Regeln auf Anhieb verstehen. Ein Bild bei den Regeln wirkt oft mehr als tausend Worte.

1. Turniere

Turniere sind Spiele, bei denen die Gewinner in einer Reihe von Partien ermittelt werden. Sie können die Spieler oder Mannschaften im K.O.-System gegeneinander antreten lassen oder eine Tabelle führen, dessen Bestplatzierte die Viertel-, Halbfinale oder das Finale bestreiten. Es ist auch denkbar, eine Qualifikation über die Teilnehmer der Finale entscheiden zu lassen.

Planen Sie auf jeden Fall genau, wie viele Partien nebeneinander und nacheinander durchgeführt werden sollen. Berechnen Sie die Zeit der Partien und der Umbauphasen. Rechnen Sie nicht mit einem reibungslosen Ablauf. Sie müssen vermeiden, dass Sie um Mitternacht immer noch nicht wissen, wer den großen Preis des Luftballonfestes gewonnen hat.

Das K.O.-System

Beim K.O.-System treten immer zwei Mannschaften in einer Partie direkt gegeneinander an. Der Verlierer scheidet aus dem Turnier aus und der Sieger kommt eine Runde weiter. Ein K.O.-System ist einfach zu organisieren, wenn eine Zweier-Potenz an Mannschaften antritt, also wenn sich zwei, vier, acht, 16, 32, 64 oder 128 Teilnehmer angemeldet haben. Wenn Sie die Teilnehmerzahl nicht beschränken, kommt dass allerdings nur selten vor.

Wenn Sie andere Teilnehmerzahlen haben, müssen Sie sich Gedanken machen über die gerechte Verteilung von Freilosen, um auf die nächste Zweier-Potenz zu kommen. Einerseits möchten Sie die Organisation erleichtern, andererseits die Ungerechtigkeit der Freilose minimieren.

Sie brauchen einen Turnierplan, auf dem jede Partie angezeigt wird. Der sieht aus wie eine Pyramide aus leeren Kästchen. Ganz oben steht der Sieger des Turniers, darunter die Endspielpartie mit zwei noch leeren Kästen für die Namen der Teams, die es bis hierhin gebracht haben. Sie sind die Sieger der beiden darunterliegenden Partien. Die vier Halbfinal-Mannschaften werden die Gewinner der vier Partien unter dieser Ebene. Das führen Sie fort, bis Sie genügend leere Felder haben, um alle angemeldeten Mannschaften an den Start gehen zu lassen.

Auf dem Plan kann dann »Pauls Piraten-Gang« sehen, dass sie in der nächsten Partie gegen die »Leoparden« antreten. Sie können auch ablesen, dass sie im Falle eines Sieges gegen den Gewinner der Partie »Bruchpiloten« gegen »Lenas Bande« antreten.

Die Freilose brauchen Sie nun, weil es nicht genügend Mannschaften gibt, die die unterste Ebene füllen können. Sie ergänzen zur nächsten Zweier-Potenz. Wenn Sie also 49 Anmeldungen haben, brauchen Sie noch 64 - 49 = 15 Freilose.

Wenn das Los entschiede, dass ein Freilos gegen ein Freilos antritt, würde das bedeuten, dass ein Team eventuell ganz ohne Gegner in die dritte Runde des Turniers kommt, also gleich auf dem Plan zwei Ebenen überspringt. Das wäre den anderen gegenüber viel zu ungerecht. Deshalb verteilen Sie zunächst auf jede der 32 Startpartien eine Mannschaft. Die übrigen 17 Mannschaften mischen Sie mit den Freilosen und ziehen nun die Gegner der Partien. 15 Mannschaften hatten Glück. Sie erreichen automatisch die nächste Runde. Die anderen 17 Partien werden ausgetragen.

Das klingt komplizierter als es ist. Wenn Sie den Turnierplan aufgezeichnet haben, sehen Sie schnell, wie die Verlosung der Freilose für mehr Gerechtigkeit sorgt.

Bei einer hohen Zahl an Teilnehmern wird ein K.O.-System schnell unübersichtlich. Es lassen sich auch nur sehr kurze Partien austragen, da die Veranstaltung sonst zu lange dauern würde.

Einen Ausweg bieten Spiele, bei denen drei oder mehr Mannschaften gleichzeitig antreten können, zum Beispiel beim Turmbau zu Babel. Alles funktioniert genauso, nur mit Dreier- oder Vierer-Potenzen.

Die Tabellen

Wenn Sie ein Turnier mit Tabellen austragen, brauchen Sie viel Zeit und kurze Spiele. Sie benötigen noch mehr Partien als beim K.O.-System, um die Finalteilnehmer herauszufinden.

Die Teilnehmer werden einer Tabelle zugeordnet. Innerhalb dieser Tabelle tritt jeder gegen jeden an. Nach Ablauf der Partien qualifizieren sich die Spitzenreiter der Tabelle für die Finale.

Tabellen bieten sich nur dann an, wenn Sie Spiele haben, von denen viele Partien gleichzeitig stattfinden können. Tabellen haben aber für den Spannungsbogen eines Events einen besonderen Reiz. So können Paul und sein Papa nach jeder Partie mitfiebern, wie es in der Tabelle gerade steht, und ein Fehler der beiden bedeutet noch nicht unbedingt das Aus. Wenn allerdings zu viele Spiele gleichzeitig stattfinden, droht sich Ihr Event in mehrere zu zersplittern. Sorgen Sie für einen einheitlichen Rahmen.

Die Qualifikation

Eine Lösung für alle Planungsprobleme bietet eine Qualifikation.

Mit einer Qualifikationsrunde haben Sie ein sehr flexibles Instrument, um die Länge der Veranstaltung zu gestalten.

Jede Mannschaft bekommt am Anfang eine Aufgabe gestellt. Die vier, acht oder 16 Mannschaften, die sie am besten gelöst haben, qualifizieren sich für die Finale.

Für Paul und seinen Papa heißt das im Beispiel des Turmbaus, dass sie einmal zu Anfang versuchen, einen Turm zu bauen. Die Höhe des Turms wird in einer Bestenliste notiert. Wenn sie unter den besten acht Mannschaften sind, geht es im Viertelfinale im K.O.-System weiter.

Sie können die Qualifikation beliebig mit anderen Turnierarten kombinieren. Sie regeln die Teilnehmerzahl der Endrunde nach Belieben. Allerdings besteht die Gefahr, dass Sie die Aufmerksamkeit der ausgeschiedenen Mannschaften verlieren. Binden Sie diese auch weiterhin in das Event ein.

Die Anmeldung

Um an dem Turnier teilnehmen zu können, müssen sich die Mannschaften vorher anmelden. Spätestens mit dem Ende der Qualifikation ist ein Einstieg nicht mehr möglich. Sie sollten eine Uhrzeit definieren, bis zu der sich eine Mannschaft angemeldet haben muss. Am besten ist es für Sie, wenn sich viele Mannschaften schon im Vorfeld angemeldet haben. Das erleichtert Ihnen die Planung.

Wenn Sie zum Beispiel bei der ursprünglichen Idee des Turniers nur mit maximal 32 Teilnehmern gerechnet haben und Sie stellen am Tag vor dem Event fest, dass sich schon 45 Mannschaften angemeldet haben, sprengt das Ihren Zeitrahmen. Sie können rechtzeitig reagieren und den Plan ändern. Sie führen dann eine Qualifikationsrunde ein, um die Teilnehmer des Turniers zu ermitteln. In diesem Fall empfiehlt es sich, das Turnier auf die 16 besten Teilnehmer der Qualifikation zu verkürzen, um das Mehr an Zeit, dass Sie für die Qualifikation benötigen, wieder auszugleichen. Wenn Sie sich diese Möglichkeit offenhalten wollen, müssen Sie das natürlich in den Regeln vorher ankündigen.

Die Anmeldungen im Vorfeld können Sie natürlich im Kindergarten annehmen. Sie erreichen aber wesentlich mehr Menschen, wenn Sie die Anmeldungen in Zusammenarbeit mit Ihrem Sponsor durchführen, wenn z. B. ein Gemüseladen als Anmeldestelle für Ihr Turmbauturnier dient. In diesem Fall brauchen Sie einen Handzettel mit Datum und Spielregeln. Der Zettel muss einen kleinen Anmelde-Abschnitt haben. Den kann man dann ausgefüllt im Geschäft abgeben. Außerdem benötigen Sie für jede Anmeldestelle eine kleine Extrakasse, in der die Anmeldungen und die Startgelder gesammelt werden.

Die Höhe der Startgelder festzulegen ist entscheidend für den Turnierverlauf:

■ Die Höhe der Startgelder muss im Verhältnis zu den Preisen stehen, die die Sieger bekommen. Haben Sie als ersten Preis einen Schwimmreifen mit dem Aufdruck Ihres Sponsors, ist ein Startgeld von 10 Euro zu hoch. Wenn Sie aber einen Wochenendaufenthalt in einem Hotel ausschreiben und auch der Dritte bekommt noch einen Gutschein über ein Gala-Diner, ist ein Startgeld von 2 Euro zu wenig.

■ Die Höhe des Startgeldes richtet sich nach der geplanten Teilnehmerzahl. Wenn Sie ein Turnier austragen, an dem nur acht Mannschaften teilnehmen, sind die Chancen des einzelnen Teams, das Turnier zu gewinnen, sehr groß. Das Startgeld sollte entsprechend hoch sein. Wenn aber 210 Mannschaften antreten, hat der Einzelne nur eine geringe Chance zu gewinnen. Das Startgeld muss dann niedriger sein. Das Startgeld kann auch als regelndes Instrument eingesetzt werden, um die Teilnehmerzahl zu erhöhen oder klein zu halten.

■ Die Höhe des Startgeldes richtet sich nach der Zahlungskraft der Menschen, die Sie zu Ihrem Event einladen. Wenn Ihr Kindergarten in einem sozialen Brennpunkt liegt, können Sie kein zu hohes Startgeld verlangen. Liegt der Kindergarten aber in einem exquisiten Vorort, darf das Startgeld nicht zu läppisch wirken.

■ Wenn Sie unsicher sein sollten, testen Sie Ihre Vorstellung von einem angemessenen Startgeld in einer kleinen Umfrage bei Unbeteiligten.

Geben Sie den Mannschaften die Möglichkeit, Ihrem Team einen witzigen und ausgefallenen Namen zu geben. Das erhöht die Identifikation mit dem Team, steigert den Ehrgeiz und bringt dem Publikum Spaß.

Außerdem ergeben sich direkt daraus originelle Überschriften für die Presse, z. B. »Pauls Piraten-Gang entert das Siegerpodest!« oder »Meikes Miezekatzen sind den Leoparden klar überlegen!«

Der Kreativität der Teilnehmer bei der Namensgebung muss eventuell etwas nachgeholfen werden. Das können Sie, indem Sie einen Sonderpreis für die Mannschaft mit dem originellsten Namen und der passenden Ausstattung ankündigen.

1.1. Beispiel Turniere: Der Turmbau zu Babel

Idee

Von jeher ist es das Bestreben von Menschen, möglichst hohe Gebäude zu bauen. Gerade im Kindergarten wissen Sie das ja nur zu gut. Der tägliche Turm in der Bauecke ist schließlich oft höher als die Erbauer.

Beim Turmbau zu Babel bauen jeweils zwei Mannschaften mit leichten Stapelmaterialien in kurzer Zeit um die Wette einen möglichst hohen Turm. Sie müssen mit drei Hindernissen fertig werden. Zum einen haben sie nur wenig Zeit, um den Turm zu bauen, zum anderen bekommen die Spieler leichte Stapelmaterialien, die nicht sehr stabil gestapelt werden können. Nicht zu unterschätzen ist auch die Tatsache, dass mehrere Menschen gleichzeitig an einem Turm bauen.

Die Mannschaft mit dem höchsten Turm kommt dann eine Runde weiter und tritt dort gegen eine andere Siegermannschaft an. Das wird solange wiederholt, bis der Sieger des Turniers triumphieren kann.

Ablauf

An einem sonnigen Sommersamstag ist im Kindergarten Turmbautag. Er beginnt am späten Vormittag. Die Familien haben in Ruhe gefrühstückt und kommen zu Ihnen in den bunt geschmückten Kindergarten-Garten. Die Zuschauerbänke sind aufgestellt, das Beduinenzelt steht im Garten und das Essen riecht schon sehr verlockend.

Da das Turnier erst um 15:30 Uhr die Endphase erreicht, haben die Gäste genügend Zeit, sich anzumelden, Türme zu bauen, ihre Mannschaft auf der Bestenliste zu sehen und sich notfalls noch einmal anzumelden und erneut in die Qualifikation zu gehen.

Natürlich können die Gäste bei Ihnen zu Mittag schlemmen, sich unterhalten und viel lachen.

Nach der Anmeldung erfährt jedes Team die Uhrzeit, zu der es in die Qualifikation startet. Da immer vier Mannschaften gleichzeitig antreten können, vergeben Sie jede Uhrzeit bis zu viermal. Zunächst muss Ihr Moderator etwas nachhelfen, bis sich die ersten Freiwilligen melden. Aber nach und nach entsteht ein richtiger Wettlauf. Wenn Sie dann sehr viele Anmeldungen gleichzeitig bekommen, können Sie die Qualifikationen im 5-Minuten-Takt ansetzen.

Die vier Mannschaften bekommen eine Minute Zeit, um einen möglichst hohen Turm zu bauen. Eine laute Hupe zeigt Anfang und Ende der Minute an. Anschließend stürzen die Messteams – ohne etwas umzustoßen – auf den Turnierplatz, ganz in gelben Overalls gekleidet und mit roten Schirmmützen, und notieren die Höhen der Türme.

Auf einer großen Tafel zeigen Sie die besten 16 Mannschaften und ihre Höhen an. So gibt es für alle sichtbar einen Maßstab, den es zu erreichen gilt. Viele Mannschaften, die ausgeschieden sind, treten noch einmal an. Da das Startgeld nicht allzu hoch ist und die Preise sehr verlocken, fällt das nicht schwer.

Komme was da wolle, die letzte Qualifikationsrunde startet um 15:15 Uhr. Wenn die letzten Termine vergeben sind, ist kein Start mehr möglich. Wer nun die besten 16 Höhen erreicht hat, ist in der Endrunde.

Inzwischen haben auch die Fans der »Bruchpiloten« ihr Spruchbanner fertig. Sie haben Rasseln und Tröten gebaut und sind zu allem bereit. Der Moderator lost die acht Partien der Endrunde aus und trägt die Namen der Mannschaften in den großen Turnierplan ein. Gleich in der ersten Partie treten »Angis Architekten-Weltmeister« gegen die »Bruchpiloten« an. Beide haben in der Qualifikation sehr gute Höhen erreicht. Aber nun gibt es neue Schwierigkeiten. Sie haben nur noch 45 Sekunden Zeit und dürfen sich innerhalb der Mannschaft beim Bauen nicht loslassen. Der Moderator und Schiedsrichter achtet sehr genau auf Regelverstöße. Nur eins der beiden Teams kann in das Viertelfinale kommen. Kurz bevor die Hupe erklingt und die gelben Messteams erscheinen, ist der Turm der »Bruchpiloten« eingestürzt. Plötzlich reicht für »Angis Architekten-Weltmeister« auch ein mickriger Turm, um weiterzukommen. Sie hatten die Hoffnung schon fast aufgegeben.

Eine Stunde später steht es fest: »Angis Architekten-Weltmeister« haben das Turnier gewonnen. Alle liegen sich in den Armen.

Die Preisverleihung naht. Zunächst wird der Sieger des Groschenglases bekannt gegeben. Das ganze Glas wird mit Schokolade aufgewogen. Mit 13 großen Tafeln geht Mikes Familie nach Hause. Mike hatte die Höhe des zweitplatzierten Turms am besten geschätzt. Dann gibt der Schiedsrichter die Entscheidung der Jury bekannt, wer den originellsten Mannschaftsnamen gefunden hatte. Den Turmbauern auf den Plätzen 2 bis 8 werden die Preise überreicht. Ganz zum Schluss holt der Moderator die »Architekten-Weltmeister« auf das Siegerpodest. Sie bekommen einen Pokal, jeder eine Urkunde und natürlich ihren Preis. Der Event-Fotografin gelingen witzige Schnappschüsse von der Preisverleihung. Die hängen später in der Siegergalerie und auch Angi erhält einen.

Der Tag klingt mit einem etwas ruhigeren Grillabend aus. Hier können Sie noch eine ganze Reihe Gespräche führen – und ein bisschen Schulterklopfen gibt es auch.

Vorschläge für das Rahmenprogramm

Machen Sie den Namen des Spiel zum roten Faden Ihres Events. Beim »Turmbau zu Babel« bietet es sich an, orientalische Speisen für die Gäste aufzutischen. Eventuell können die Kinder in einem Kochworkshop selbst noch Kleinigkeiten zubereiten. Sie brauchen Deftiges zum Mittag, Kuchen zum Nachmittag und abends etwas, das zum gemütlichen Ausklang passt.

Aber man kann auch das Stapeln zum Thema des Essens machen: fantasievoll gestapelte Sandwiches mit nie dagewesenen Etagenkombinationen aus vielen verschiedenen Brotsorten, diversem Aufschnitt, Obst, Saucen und Salaten.

Besonders gemütlich wird der Abend bei einem Lagerfeuer, an dem die Kinder Stockbrot backen können.

Um mehr Dynamik in das Turmbauturnier zu bringen, sollten Sie auf jeden Fall einen Jubelmaterial-Bastel- und Verleihstand anbieten. Außerdem ist ein Groschenglas sinnvoll, für das die Gäste auf die Höhe des zweitplatzierten Turms wetten. Cheerleader oder Vortrommler helfen gerade in der Endphase des Turniers, die Stimmung anzuheizen. Auf einem kleinem Kostüm-Workshop können sich die Teams modische Accessoires basteln.

Auf jeden Fall sollte ein Schnappschussreporter die lustigsten Momente des Tages festhalten und die Fotos noch auf dem Fest als Andenken zum Mitnehmen verkaufen.

Als weiteres Merchandising könnten Sie schöne Ausgaben der Rezepte des Festes entwerfen, Bücher zum Thema Orient, Babel oder Turmbau anbieten oder Stapelspiele wie Yenga mit dem Logo des Events versehen und mit Spendenaufschlag verkaufen.

Da die wenigsten Leute einen ganzen Tag lang Jubel und Trubel aushalten, sollten Sie auch ruhigere Momente einplanen und gestalten. Was halten Sie von einem Beduinenzelt im Garten, in dem orientalische Märchen erzählt werden? Auch ein Teil der Essecke sollte im ruhigeren Teil des Gartens Platz finden.

Am Lagerfeuer kann orientalische Musik gespielt werden. Der Abend sollte einen ruhigeren Ausklang des Tages bilden, an dem sich müde Turmbauer in das Beduinenzelt zurückziehen können, während die Eltern noch am Feuer sitzen.

Diese Vorschläge sind natürlich nicht komplett. Es ist Ihrer Fantasie überlassen, wie Sie das Rahmenprogramm weiterspinnen und so ein einmaliges Event kreieren.

Spielregeln

☛ Ein Turmbau-Team besteht aus zwei Personen.

☛ Es werden nur Teams zum Turnier zugelassen, die sich bis zum xten yten um z Uhr in die Teilnehmerliste eingetragen und das Startgeld in Höhe von x Euro bezahlt haben.

Originelle Teamnamen sind erwünscht und werden ausgezeichnet.

☛ Alle Teams bekommen tolle Rückennummern.

☛ Jedes Team erfährt bei der Anmeldung die Uhrzeit, zu der es in der Qualifikation für das Endturnier antritt.

☛ Bei der Qualifikation haben die Turmbauer eine Minute Zeit, um mit den zur Verfügung gestellten Stapelmaterialien einen möglichst hohen Turm zu bauen.

☛ Die Minute wird vom Schiedsrichter und seiner Hupe deutlich hörbar begonnen und beendet.

☛ Jede Mannschaft baut für sich. Die Mannschaften dürfen sich nicht gegenseitig behindern oder sabotieren.

☛ Das Publikum darf winken, anfeuern, Fähnchenschwenken und jubeln, aber nicht helfen.

☛ Außerhalb der Hupsignale gilt »Finger weg!« Niemand darf Baumaterial vorbereiten, weiterbauen oder Türme stützen.

☛ Offizielle Messteams halten die Höhe der Türme fest. Es gilt die Höhe, die beim Messen noch steht. Die Ergebnisse werden laut verkündet.

☛ Die 16 besten Höhen und die Namen der Turmbau-Teams erscheinen auf der Bestenliste.

☛ Jede Mannschaft darf mehrmals antreten. Sie muss bei jedem Mal das Startgeld bezahlen. Es wird nur die beste Höhe des Teams in die Bestenliste eingetragen.

☛ Um x Uhr endet die Qualifikation. Die 16 Mannschaften, die zu diesem Zeitpunkt die höchsten Türme gebaut haben, kommen in die Endrunde.

☞ Die 16 Mannschaftsnamen werden auf Lose geschrieben. Der Schiedsrichter lost die Begegnungen der Endrunde aus. Die Endrunde besteht aus acht Achtelfinalen, vier Viertelfinalen, zwei Halbfinalen und einem Finale. Ein Turnierplan informiert alle Teilnehmer über die anstehenden Begegnungen und deren Startzeiten.

☞ In der Endrunde treten immer zwei Mannschaften gegeneinander an. Die Mannschaft, die nach 45 Sekunden den höheren Turm gebaut hat, kommt eine Runde weiter.

☞ Die Turmbauer einer Mannschaft dürfen sich in den 45 Sekunden nicht loslassen.

☞ Wer nicht rechtzeitig zu seiner Begegnung antritt, verliert.

☞ Der Rechtsweg ist ausgeschlossen. Beschweren können Sie sich bei der Jury! Aber Meckern ist zwecklos.

Anmerkungen zu den Spielregeln

Sie sollten die Regeln natürlich auf Ihre tatsächlichen Gegebenheit abstimmen. Auch sind verschiedene Variationen denkbar:

- Sie können die Zahl der Teammitglieder erhöhen. Das macht den Wettbewerb unberechenbarer. Zum chaotischen Abschluss ohne Wertung können Sie zum Beispiel 10er Teams gegeneinander antreten lassen.
- Sie können das Sich-Festhalten-Müssen in der Endrunde weglassen oder durch andere Störungen ersetzen, z. B. eine Hand hinter dem Rücken halten, Füße lose miteinander verbinden.
- Sie können die Zeit knapper oder üppiger einteilen. Denken Sie aber an die Gesamtlänge des Turniers und die drohende Langeweile des Publikums, wenn Sie den Mannschaften zu viel Zeit geben.
- Sie können Schlussfähnchen einführen. Es gilt dann immer die Höhe der Fähnchen, egal, was mit dem Restturm geschehen ist.
- Sie können die Größe und das Gewicht der Materialien erhöhen. Das Bauen wird dann stabiler. Man kann zum Beispiel mit gefärbten Toilettenpapierrollen stapeln oder mit sehr großen Bausteinen.
- Bei sehr großen Bausteinen, z. B. weichen Großbausteinen, können Sie auch Störaktionen der Mannschaften untereinander erlauben.

Das macht das Spiel aber wesentlich aggressiver. Gerade wenn

Sie kleine Kinder einbeziehen möchten, sollten Sie darauf verzichten.

■ Sie können es zur Pflicht machen, dass mindestens zwei Generationen an einer Mannschaft beteiligt sind. Das erhöht den Familiencharakter des Events.

■ Sie können Männermannschaften gegen Frauenmannschaften antreten lassen. Oder ein Mütter- oder Väter-Spezial ausschreiben.

■ Sie können eine Profi-Variante ausfechten, indem Sie zum Beispiel auf einem wackligen Untergrund stapeln. Dafür nehmen Sie am besten einen einzelnen Großbaustein.

Materialien und Aufgabenverteilung

Die Aufgaben- und Materiallisten richten sich nur nach der Grundvariante des Spiels. Die Listen für das Rahmenprogramm und die Bewirtung müssen Sie selbst aufstellen.

Lesen Sie dazu bitte im Kapitel über das Rahmenprogramm und die Nebeneinnahmen nach.

Für folgende Aufgaben müssen Sie jemanden einteilen:

■ Die Moderation, das Schiedsrichten und die Preisverleihung übernehmen eine oder zwei Personen.

■ Sie brauchen eine oder zwei Personen bei der Anmeldung. Sie nehmen das Startgeld an, verteilen die Startzeiten für die Qualifikation und geben die Rückennummer an die Teams aus. Die beiden können auch die Wetten für das Groschenglas annehmen.

■ Wenn Sie vier »Qualifikations-Turmbau-Plätze« haben, auf denen gleichzeitig gestapelt werden kann, teilen Sie mindestens acht Personen für die Messjury ein. Diese acht managen auch den Umbau und die Einweisung der Teams.

■ Den Jubelmaterialien-Verkaufs- und Verleihstand betreut mindestens eine Person. Wenn es die Möglichkeit gibt, dort eigene Jubelmaterialien zu basteln, brauchen Sie mindestens drei Personen.

■ Ein Schnappschussreporter ist auf jeden Fall notwendig. Zwei wären besser. Ein weiterer druckt die Schnappschüsse aus und verkauft sie.

- Dazu kommen alle, die für das Cheerleaden, Vortrommeln, Bewirten und für das Rahmenprogramm zuständig sind.

Folgende Räume und Gegenstände brauchen Sie für das Turnier:

- Das Turnier findet in einem großen Raum mit viel Platz für anfeuerndes Publikum statt. Besser ist es, wenn Sie ein Freigelände haben, um das Event draußen zu veranstalten. In diesem Fall brauchen Sie evtl. einen Windschutz für die Türme. Zur Not können Sie beide Alternativen vorbereiten. Dann kann Ihnen kein Wetter einen Strich durch die Rechnung machen.
- Als Turmbau-Plätze nehmen Sie vier gleiche, glatte, ebene Turnierplätze mit den Mindestmaßen 1x1 Meter, z. B. Holzplatten. Damit Sie sicher gehen, dass es so gerecht wie möglich zugeht, besorgen Sie eine Wasserwaage und Ausgleichskeile z. B. Bierdeckel.
- Für die Stapelmaterialien färben Sie sehr viele Toilettenpapier- und Küchenkrepprollen farbig ein. Das sieht bunter und freundlicher aus, als graue Rollen. Sie können auch Holzbausteine nehmen oder viele kleine Pappschachteln oder gleiche Joghurtbecher sammeln. Wenn Sie es lieber groß mögen, besorgen Sie sich viele Kartons. Wichtig bei der Vorbereitung der Stapelmaterialien ist, dass die Baumaterialien in vier exakt gleiche Vorratslager geteilt werden können. Dann ist niemand im Vorteil, weil er die besseren Stapelmaterialien hatte. Bedenken Sie, dass Sie eine Reserve haben, um Verluste während des Turniers aufzufüllen.
- Sie brauchen Sitzmöglichkeiten für das Jubelpublikum.
- Eine große, gut sichtbare Stoppuhr können Sie sich von Schulen aus der Physiksammlung oder von Sportvereinen leihen.
- Eine Mikrofonanlage für den Moderator ist notwendig, wenn in einem großen Raum oder im Freien Türme gebaut werden. Am besten ist es, wenn auf der Anlage dramatische Showmusik als Hintergrundmusik gespielt wird.
- Als Start- und Schlusssignal nehmen Sie eine Hupe, einen Gong, eine große Klingel oder eine Trillerpfeife.
- Ein großes Plakat mit den Turnierregeln ist vorbereitet.
- Auf einer Tafel werden in der Qualifikation die Bestenliste und in der Endrunde die Turnierpartien angezeigt.

- Für die Groschenglas-Wette benötigen Sie ein großes Glas oder eine Flasche und eine weitere Tafel. Darauf stehen die Regeln und die abgegebenen Tipps der Mitspieler.
- An der Anmeldung brauchen Sie einen Tisch, zwei Stühle, Anmeldezettel für die Mannschaften mit Mannschaftsnamen und Qualifikationszeit, Rückennummern, eine Kasse mit Wechselgeld und einen Zeitplan, auf dem die Qualifikationen eingetragen werden.
- Die Messteams haben vier offizielle Turmbaumeisterschaftsmesslatten, z. B. verstärkte, mit Fähnchen geschmückte Zollstöcke.

Am besten tragen alle acht Mitglieder des Messteams eindeutige und auffällige Kleidung z. B. Blaumänner oder gelbe T-Shirts.
- Jubelmaterialien zum Verkaufen und Verleihen und/oder die Materialien, um sie zu basteln, sind vorbereitet.
- Denken Sie an die Preise für die Sieger aller Wettbewerbe oder riesige Gutscheine statt der Preise. Außerdem bereiten Sie Urkunden und einen Pokal vor und die passenden Stifte oder Werkzeuge, um die Namen zu verewigen.

Am besten gewinnen auch die Plätze 2 bis 4, die Mannschaft mit dem schönsten Namen und der beste Tipper des Groschenglases attraktive Preise.
- Auf jeden Fall brauchen Sie einen Stand, an dem die Gäste über die Verwendung der Einnahmen informiert werden.
- Auch wenn Sie keine Fotos verkaufen, haben Sie mindestens einen Fotoapparat, ausreichend Filme oder Speicherplatz und Requisiten für das spezielle Siegerfoto, z. B. einen goldenen Kranz, eine Schärpe oder eine Krone. Das Foto wandert später in die Siegergalerie im Kindergarten und beim Sponsor.

Die Fotos helfen bei der Pressearbeit in diesem und im nächsten Jahr.

Variation: Der Wackelturm

Ein ähnliches Turnier können Sie mit einem überdimensionalen Wackelturm veranstalten. Sie bauen einen Turm mit Großbausteinen aus Schaumstoff, die genau dreimal so lang sind wie breit. Sie legen immer drei Bausteine nebeneinander in die eine Richtung und schichten drei weitere darüber in die andere Richtung.

Die Mannschaften spielen nun direkt gegeneinander an einem Turm.

Eine Mannschaft zieht einen Stein heraus, ohne dass der Turm umkippt, und legt den Stein oben auf den Turm. Dann ist das andere Team an der Reihe. Es verliert das Team, bei dem der Turm umkippt. Die andere Mannschaft kommt eine Runde weiter.

Der Wackelturm ist deutlich langsamer und ruhiger als der Turmbau zu Babel. Eine Partie dauert wesentlich länger. Der Charakter des Festes wird dadurch ein ganz anderer.

Sie können keine Qualifikationsrunde in der Disziplin veranstalten. Damit ist die Teilnehmerzahl stark begrenzt. Sie benötigen Mitspieler, die bereit sind, relativ hohe Startgelder zu zahlen. Sonst bleibt noch die Alternative, dass Sie den Mitspielern eine andere Aufgabe als Qualifikation stellen.

Der Wackelturm ist interaktiver als der Turmbau zu Babel. Während beim Turmbau nur nebeneinander gespielt wird, spielen die Teams hier miteinander. Damit auch Kinder mitspielen können, brauchen Sie eine Rampe, damit die Kleineren die oberen Etagen des Turms erreichen können. Wenn Sie keine passenden Großbausteine haben und sie auch nicht selber basteln können, sind die Anfangsinvestitionen im ersten Jahr hoch.

Natürlich kann man sich zum Thema Turmbau noch jede Menge anderer Ideen durch den Kopf gehen lassen. Sie können mit Holzstäben Türme bauen, mit Wasserbehältern oder mit Dingen, die man eigentlich gar nicht stapeln kann. Da kann schon die Suche nach einem geeigneten Spiel und das Testen für das Planungsteam zum Ereignis werden.

1.2. Beispiel Turniere: Seifenblasenfestival

Idee

Seifenblasen üben auf Kinder und Erwachsene eine ganz eigene Faszination aus. Sie sind der Inbegriff von bunter, leiser Zerbrechlichkeit. Sie bringen uns dazu, das Tempo im Alltag einen Gang herunterzuschalten. Seifenblasen kann man nicht hetzen.

Beim Seifenblasen-Festival versuchen zwei Mannschaften, Seifenblasen zu machen und zu fangen. Ein Teil des Teams schickt die Seifenblasen auf die Reise, während die anderen einige Meter entfernt versuchen, sie wieder einzufangen.

Die andere Mannschaft versucht gleichzeitig dasselbe. Die Reisestrecken der Seifenblasen der beiden Mannschaften kreuzen einander. Die Mannschaft, die die meisten eigenen Seifenblasen fängt, kommt eine Runde weiter.

Ablauf

Ihr Kindergarten blubbert. Schon an der Gartenpforte werden die Gäste mit Seifenreklame begrüßt. Nur haben Sie auf den großen, bunten Werbeflächen die Aufschriften leicht verändert. Da leuchten Plakate für die »Kiga-Perls«, die »Weichspieler« und »Meister Blubber«. Ein kleiner Seifenblasenapparat schafft einen Torbogen aus Seifenblasen, unter dem die Gäste hindurchgehen müssen, um das Gelände zu betreten.

Auch akustisch blubbert es an allen Ecken und Enden. Selbstgebaute Instrumente laden zum Ausprobieren ein: afrikanische Wassertrommeln aus Kürbissen, große Kanisterzupfbässe, Steeldrums, Wasserglasorgeln, wabernde Bleche und eine ganze Reihe seltsamer Instrumente, die mit Wassertropfen Musik machen.

Als Familie Bachmeister am späten Vormittag auftaucht, stürmen Max und Milli erst einmal los, um die Seifenblasenexperimente auszuprobieren. Nach und nach wagen sich auch die Erwachsenen heran und staunen über die vier Quadratmeter große Seifenblasenwand. Die ersten Gäste entdecken den Stand mit der Herausforderung zur Qualifikation. Sie sollen Seifenblasen verschicken. Abgeschickt werden sie von einem Teammitglied hinter einer Linie. Einige Meter weiter steht der zweite Spieler aus dem Team und versucht, die Seifenblasen mit Hilfe eines großen Blatt Papiers auf einer Holzplatte zu fangen. Nach anderthalb Minuten ist Schluss. Dann wird gezählt. Damit man auch genau auswerten kann, sind es ganz besondere Seifenblasen: Sie sind gefärbt.

Wenn sich nun zwei Personen zusammen anmelden und das Startgeld bezahlt haben, bekommen sie anderthalb Minuten Zeit, Seifenblasen herzustellen und zu fangen. Danach wird das Ergebnis ausgewertet. Jede Seifenblase, die auf dem Papier einen Durchmesser über fünf Zentimeter hat, wird gezählt. Das Ergebnis wird auf einer Tafel festgehalten. Dort stehen zu jeder Zeit die bis dahin 16 besten Seifenblasen-Verschicker und die Zahl ihrer Seifenblasen. Diese 16 Mannschaften qualifizieren sich für das Endturnier, das am Nachmittag startet.

Bis zu vier Mannschaften können gleichzeitig in die Qualifikation gehen, da es vier Seifenblasen-Reisestrecken gibt, auf denen parallel gespielt werden kann. Für alle, die erst üben möchten, gibt es noch zwei Übungsstrecken, die etwas weiter entfernt sind. Aber Trainingsergebnisse werden natürlich nicht auf die Bestenliste aufgenommen. Max und sein Freund Fabian möchten gleich noch einmal starten, da sie es beim ersten Versuch nicht auf die Bestenliste geschafft haben. Inzwischen haben sie aber trainiert. Milli und ihr Papa waren sehr gut. Sie liegen zur Zeit an dritter Stelle der Hitliste. Sie gehen erst einmal Mittagessen; das lockt sie schon die ganze Zeit. Es gibt leckere kugelrunde Sachen zu essen. Gefüllte Nudeln, Hackfleischbällchen, kreisrunde pikante Pfannkuchen und später Donuts und Windbeutel. Dazu nimmt Milli natürlich buntes Blubberwasser. Nach dem Essen ist noch Zeit für einen Workshop, in dem Milli ihre eigenen Blubber-Instrumente bauen kann. Es macht Spaß, mit den Geräuschen zu experimentieren.

Max interessiert sich mehr für die Seifenblasenexperimente. Er baut sich an einem Stand eine Seifenblasenpyramide aus Draht und versucht, mit einem Strohhalm eine runde Seifenblase in die eckige Pyramide zu bringen. Fabian mag die meterlangen Riesenseifenblasen. So einen Seifenblasenring möchte er mit nach Hause nehmen, deshalb bastelt er sich ein Exemplar. Die Mutter von Max und Milli ist inzwischen neugierig geworden und sieht sich an, wie das mit den Seifenblasen genau funktioniert und warum die so bunt schillern. Ein Stand gibt anschaulich Auskunft und informiert darüber, welche große Bedeutung Seifenblasen in der Physik haben.

Nach dem vierten Start haben es Max und Fabian sogar geschafft, vor Milli und ihrem Papa zu landen. Beide Mannschaften haben sich für die Endrunde qualifiziert.

Millis Mutter hat inzwischen das Groschenglas-Fieber gepackt. Sie hat gleich drei Tipps abgegeben – nur um ganz sicher zu sein. Sie würde zu gerne die Seifenblasenmaschine gewinnen. Dazu muss sie am besten von allen schätzen, wie viele Seifenblasen in allen 15 Endrundenpartien zusammen gefangen werden.

Als es dann zur Endrunde geht, wird es turbulent. Der Moderator hat die Partien ausgelost und die ersten beiden Mannschaften bereiten sich vor. Sie müssen sich in große Kittel hüllen, damit die bunten Seifenblasen nicht die Klamotten ruinieren.

Der Aufbau sieht ähnlich aus wie bei der Qualifikation. Nur versucht diesmal die andere Mannschaft, quer zur eigenen roten Seifenblasen-Reiseroute ihre blauen Seifenblasen zu verschicken. Nach einer Minute kommen die Zählteams, um den Sieger bekannt zu geben. Doch beide Mannschaften haben gleich viele Seifenblasen auf ihrem Blatt. Es geht in die 30-Sekunden-Verlängerung.

Nachdem Max und Fabian erfolgreich durch das Achtel-, Viertel- und Halbfinale gekommen sind, stehen sie im Finale. Jetzt wird sich zeigen, ob sich das Training ausgezahlt hat. Das Publikum ist gespannt und versucht, mit Anfeuerungen die Seifenblasen des einen oder anderen Teams in die richtige Richtung zu lenken.

Ganz knapp, in der dritten Verlängerung, schaffen es Max und Fabian. Ihr Jubel ist groß. Sie gewinnen einen Ballonflug mit ihren Eltern – was für ein Traum! Der Vater von Max weiß allerdings noch gar nicht, ob er sich das zutraut.

Mit dem Tipp für das Groschenglas hat es leider nicht geklappt. Durch die vielen Verlängerungen lag Millis Mutter mit ihren Tipps völlig daneben. Milli und ihr Papa sind im Viertelfinale ausgeschieden. Aber für die Plätze 5 bis 8 gibt es auch noch sehr schöne Preise.

Bei der Siegerehrung strahlen Max und Fabian um die Wette. Die Fotos hängen bestimmt bald über ihren Betten.

Zum Abschluss gibt es noch ein Abendbuffet. Das Blubber-Orchester hat sogar schon ein kleines Stück eingeübt. Damit sollte man glatt auf Tournee gehen… Völlig erschöpft, aber glücklich, sinken alle am Abend in die Betten.

Vorschläge für das Rahmenprogramm

Den Charakter des Seifenblasenfestivals prägen Sie mit Hilfe der Experimente und Workshops. Es ist ein ruhigeres Fest für Neugierige, Forscher und Künstler.

Es gibt eine ganze Reihe von Großexperimenten für Seifenblasen. Das können Riesenseifenblasen oder eine große Seifenblasenwand sein. Das sind Erlebnisse, die man sonst nirgends haben kann.

Auch die Gelegenheit zum Bauen und Testen von Blubber-Instrumenten bekommt man nicht alle Tage. Was meinen Sie, was man mit den alltäglichsten Gegenständen wie Wasser, Kanistern, Gläsern, Kunststoffrohren für interessante Instrumente basteln kann!

Nutzen Sie die Chance gleich für Ihr Merchandising. Sie können Bausätze für Instrumente oder Seifenblasen-Experimente verkaufen, Super-Seifenblasen-Flüssigkeit in kleinen und großen Mengen, gut gestaltete Anleitungen für Kunststücke und zum Experimentieren für zu Hause Bücher zum Thema Blubbern und Seifenblasen. Vielleicht stellen Sie sogar ein Blubber-Orchester zusammen, das ein Geräusch-Stück einübt, um damit eine vorgelesene Geschichte zu untermalen. Es ist immer gut, wenn auch das Essen thematisch zum Fest passt. Konzentrieren Sie sich bei Speisen auf kreis- oder kugelrunde Sachen, zum Beispiel Hackbällchen, deftige Pfannkuchen, gefüllte Teigtaschen, Donuts, Windbeutel, seifenblasenbunt glasierte Muffins.

Bei Trinken bieten sich Blubber-Cocktails für Klein und Groß an. Lassen Sie Ihrer Küchenkreativität freien Lauf. Für skeptische Mitbürger sollten Sie aber immer die üblichen Standardgetränke parat haben.

Auf jeden Fall sollten Schnappschuss-Jäger unterwegs sein und die Fotos als Erinnerungsstücke gleich auf dem Gelände verkaufen.

Eine geeignete Wette für das Groschenglas ist das Schätzen der Gesamtzahl der Seifenblasen in der Endrunde. Allerdings sollten Sie einen Zeitpunkt bestimmen, zu dem die letzten Tipps angenommen werden, zum Beispiel das letzte Achtelfinale. Gerade bei einem ruhigeren Fest ist Ihr Einfallsreichtum gefragt. Dies ist ein Fest zum Fantasieren, Herumspinnen und Experimentieren – auch im Vorfeld.

Spielregeln

☛ Ein Seifenblasen-Verschicker-Team besteht aus zwei Personen.

☛ Es werden nur Teams zum Turnier zugelassen, die sich bis zum xten yten um z Uhr in die Teilnehmerliste eingetragen haben und das Startgeld in Höhe von x Euro bezahlt haben. Originelle Teamnamen sind erwünscht und werden ausgezeichnet.

☛ Jedes Team erfährt bei der Anmeldung die Zeit, zu der es in der Qualifikation für das Endturnier antritt.

☛ Bei der Qualifikation haben die Seifenblasen-Verschicker anderthalb Minuten Zeit, um möglichst viele Seifenblasen zu verschicken.

☛ Die Minute wird vom Schiedsrichter mit einem »Plopp« deutlich hörbar begonnen und beendet.

☛ Niemand darf die Linien übertreten, die den Zwischenraum zwischen dem Losschicker und dem Fänger markieren.

☛ Jede Mannschaft schickt für sich Seifenblasen ab. Sie dürfen sich nicht gegenseitig behindern oder sabotieren. Es zählen nur Seifenblasen in der eigenen Farbe.

☛ Das Publikum darf winken, anfeuern, Fähnchen schwenken und jubeln, aber nicht helfen.

☛ Vor dem ersten »Plopp« und nach dem zweiten dürfen keine bunten Seifenblasen gemacht werden. Die Holztafel wird dann auf den Fußboden gelegt.

☛ Offizielle Zählteams zählen, wieviele Seifenblasen der eigenen Farbe auf dem Blatt Papier sind. Es zählen nur Seifenblasen, die ganz auf dem Blatt sind und einen Durchmesser haben, der größer als fünf Zentimeter ist.

☛ Die 16 besten Mannschaften und die Namen der Teams erscheinen auf der Bestenliste.

☛ Jede Mannschaft darf mehrmals antreten. Sie muss bei jedem Mal das Startgeld bezahlen. Es wird nur das beste Ergebnis einer Mannschaft in die Bestenliste eingetragen.

☛ Um x Uhr endet die Qualifikation. Die 16 Mannschaften, die zu diesem Zeitpunkt die meisten Seifenblasen verschickt haben, kommen in die Endrunde. Wenn zwei oder mehr Mannschaften dieselbe Anzahl von Seifenblasen gefangen haben, gibt es ein Stechen nach den Regeln der Endrunde.

☛ Die 16 Mannschaftsnamen werden auf Lose geschrieben. Der Schiedsrichter lost die Begegnungen der Endrunde aus. Die Endrunde besteht aus acht Achtelfinalen, vier Viertelfinalen, zwei Halbfinalen und einem Finale. Ein Turnierplan informiert alle Teilnehmer über die anstehenden Begegnungen und deren Startzeiten.

☛ In der Endrunde treten immer zwei Mannschaften gegeneinander an. Die eine Mannschaft verschickt rote Seifenblasen, die andere blaue. Beide »Seifenblasen-Reiserouten« überkreuzen sich. Die Mannschaft, die nach einer Minute die meisten eigenen Seifenblasen mit einem Durchmesser über fünf Zentimeter auf ihrem Blatt hat, kommt eine Runde weiter.

☛ Haben beide Mannschaften gleich viele Seifenblasen, wird die Partie um 30 Sekunden verlängert. Haben nach drei Verlängerungen beide Mannschaften immer noch gleich viele Seifenblasen, gewinnt die Mannschaft mit der größten eigenen Seifenblase.

☛ Wer nicht rechtzeitig zu seiner Begegnung antritt, verliert.

☛ Der Rechtsweg ist ausgeschlossen. Beschweren können Sie sich bei der Jury! Aber Meckern ist zwecklos.

Anmerkungen zu den Spielregeln

Auch diesmal sollten Sie die Regeln auf Ihre tatsächlichen Gegebenheiten abstimmen.

Einige Vorschläge für Variationen:

- Ein Team könnte aus drei oder mehr Spielern bestehen. Das Fangbrett bekommt dann spezielle Haltegriffe, so dass es nur zu zweit bewegt werden kann. Auch können mehr Personen als bei der ersten Variante Seifenblasen losschicken. Mit mehr Mitspielern wird das Spiel spaßiger, aber Sie haben weniger Teams, die Startgeld bezahlen. Wieder können Sie zum Abschluss ohne Wertung 10er Teams gegeneinander antreten lassen.
- Sie können sich Schikanen einfallen lassen, wie Ventilatoren oder komplizierte Haltegriffe für das Brett oder den Pustering. Achten Sie aber darauf, dass auch Kinder eine Chance haben. Sie müssen auf jeden Fall vorher mehrmals testen, ob überhaupt Seifenblasen gefangen werden können.
- Sie können die Zeit variieren. Das Limit wird auf der einen Seite von der Gesamtlänge des Turniers bestimmt. Auf der anderen Seite müssen die Teams überhaupt die Chance haben, mehrere Seifenblasen zu fangen.
- Eine andere Spielanordnung ermöglicht, gleichzeitig wesentlich mehr Mannschaften gegeneinander spielen zu lassen. Zum Beispiel können Sie vier oder mehr Seifenblasen-Verschicker in der Mitte auf eine drehbare Scheibe stellen. Die Fänger laufen dann mit einem Mindestabstand durcheinander außen herum.
- Achten Sie darauf, dass das Wetter bei der Stabilität von Seifenblasen eine entscheidende Rolle spielt. Sie müssen den Abstand zwischen den beiden Linien am Tag selbst ausprobieren und gegebenenfalls vergrößern oder verkürzen.
- Sie können den Durchmesser der Pusteringe vergrößern oder verkleinern. Einmal spielen Sie mit wenigen großen Blasen, das andere Mal mit vielen kleinen.
- Wieder besteht in der Zusammensetzung der Mannschaft eine Möglichkeit, das Event auf bestimmte Weise zu prägen: mindestens zwei Generationen in einer Mannschaft, Männermannschaften gegen Frauenmannschaften, Mütter- oder Väter-Spezial.

Materialien und Aufgabenverteilung

Die Aufgaben- und Materiallisten beschreiben wieder nur die Grundvariante des Spiels. Alles, was Sie für die Bewirtung, das Rahmenprogramm mit den Instrumenten und den kleinen und großen Seifenblasen-Experimenten benötigen, listen Sie selbst passend zu Ihren Gegebenheiten auf. Tipps dafür gibt es im Kapitel über das Rahmenprogramm und die Nebeneinnahmen.

Für folgende Aufgaben müssen Sie jemanden einteilen:

- Die Moderation, das Schiedsrichten und die Preisverleihung übernehmen eine oder zwei Personen.
- Die Anmeldung ist mit zwei Personen besetzt, die folgende Aufgaben erledigen: Anmeldungen verteilen und annehmen, Startgeld kassieren, Startzeiten der Qualifikationsrunde organisieren und Tipps für das Groschenglas annehmen.
- Bei vier Seifenblasen-Reiserouten, auf denen parallel Qualifikationen ausgetragen werden, brauchen Sie mindestens acht Personen für die Zählmannschaften. Diese acht sind auch für den Nachschub an Seifenblasenflüssigkeit und Papieren zuständig. Die Trainingsstrecken kommen fast ohne Betreuung aus.
- Zwei Personen sollten den Teams schon einige Zeit vorher die Schutzkleidung anlegen.
- Die Seifenblasen-Großexperimente kommen teilweise ohne ständige Betreuung aus. Eine Person sollte aber regelmäßig nach dem Rechten schauen, Flüssigkeit nachfüllen und kleine Reparaturen durchführen. Zwei Personen sind natürlich noch besser.
- Für die Musik- und Experiment-Bastel-Workshops brauchen Sie mindestens vier Personen. Je mehr Sie hier einteilen, desto bunter und kreativer kann das Event werden.
- Zwei Fotografen sind besser als einer. Seifenblasen sind nicht so einfach zu fotografieren. Eine Person leitet den Druck und Verkauf der Fotos.
- Außerdem brauchen Sie Freiwillige bei der Bewirtung und für das restliche Rahmenprogramm.

Folgende Räume und Gegenstände brauchen Sie für das Seifenblasen-Festival:

- Das Seifenblasen-Festival ist ein Sommer-Event. Es muss draußen stattfinden – allein schon wegen der bunten Seifenblasen, die Ihre Räume sprenkeln würden. Eventuell brauchen Sie einen Windschutz.

■ Für die vier Qualifikations- und zwei Trainings-Seifenblasen-Reiserouten brauchen Sie sechs handliche Platten, auf denen Sie ein Papier einspannen können, das mindestens DIN-A3-Größe hat, besser DIN A2.
Als Abstandsmarkierung können breites Band oder zwei Latten pro Reiseroute dienen. Um sie im gleichen Abstand auszurichten, brauchen Sie einen Zollstock oder ein Maßband von der Rolle.

■ Zum Einspannen nehmen Sie billiges Papier von der Rolle. Markieren Sie mit einem dicken Stift und einem Rahmen das Feld, in dem gezählt wird. Wenn Sie keinen Mechanismus zum Festklemmen basteln möchten, brauchen Sie Klebeband.

■ Sie brauchen viel Seifenblasenflüssigkeit. Die verschiedenen Rezepte finden Sie am Ende der Liste.

■ Sie brauchen sechs identische Pusteringe, zum Trainieren und für die Qualifikation.

■ Die Spieler brauchen unbedingt Schutzkleidung. Farbige Seifenblasen sprenkeln alles, was ihnen beim Platzen zu nahe kommt. Bedenken Sie die Zeit, die die Spieler fürs An- und Ablegen der Schutzkleidung brauchen. Am besten legen Sie 16 Garnituren bereit: für die acht Mitspieler, die zur Zeit spielen, und für die, die als nächstes dran sind. Das macht den Ablauf des Turniers wesentlich flüssiger, als wenn Sie nur acht Garnituren einsetzen.

■ Sie brauchen Sitzmöglichkeiten für das Publikum und gemütliche Sitz- und Essecken in einem gewissen Abstand von platzenden Seifenblasen. Sie wollen ja nicht, dass alles, was Ihre Gäste genießen wollen, nach Seife schmeckt.

■ Eine große, gut sichtbare Stoppuhr können Sie sich von Schulen aus der Physiksammlung oder von Sportvereinen leihen.

■ Eine Mikrofonanlage für den Moderator kann hilfreich sein. Denken Sie daran, dass das Seifenblasen-Festival ein ruhigeres Fest ist. Die Mikrofonanlage sollte nicht plärren.

■ Als Start- und Schluss-Signal nehmen Sie ein Finger-Plopp oder eine Maultrommel.

■ Sie brauchen ein großes Plakat mit den Turnierregeln.

■ Auf einer großen Tafel zeigen Sie in der Qualifikation die

Bestenliste und in der Endrunde die Turnierpartien an.

■ Für die Groschenglas-Wette benötigen Sie ein großes Glas oder eine Flasche und eine weitere Tafel. Dort stehen die Regeln und die abgegebenen Tipps der Mitspieler.

■ Damit die Anmeldung reibungslos läuft, brauchen Sie wieder einen Tisch, zwei Stühle, Anmeldezettel für die Mannschaften mit Mannschaftsnamen und Qualifikationszeit, eine Kasse mit Wechselgeld und einen Zeitplan, auf dem die Qualifikationen eingetragen werden.

■ Zählteams haben vier offizielle Blöcke, Musterblasen der Mindestgröße aus Papier und einen Zollstock zum Messen der größten Seifenblase nach der dritten Verlängerung.
Am besten tragen alle acht Mitglieder des Zählteams eindeutige und auffällige Kleidung z. B. Blaumänner oder gelbe T-Shirts. Vielleicht kreieren Sie ein seifenblasiges Outfit.

■ Ganz zum Schluss brauchen Sie wieder die Preise für die Sieger aller Wettbewerbe oder riesige Gutscheine. Wenn Sie Urkunden oder einen Pokal überreichen möchten, sollten Stifte oder Werkzeuge in Reichweite sein, um die Namen der Sieger einzutragen. Je mehr Sieger Sie nach Hause entlassen, umso besser. Deshalb sollten auch die Plätze 2 bis 8, die Mannschaft mit dem einfallsreichsten Team-Namen und der beste Tipper des Groschenglases etwas Witziges gewinnen.

■ Auf gar keinen Fall sollten Sie den Stand vergessen, an dem die Gäste über die Verwendung der Einnahmen informiert werden.

■ Einen Fotoapparat und genügend Filme brauchen Sie zur Dokumentation. Für die Fotos auf dem Siegertreppchen besorgen Sie wieder spezielle Requisiten, etwa einen goldenen Kranz, eine Schärpe oder Krone. Das Bild hängt später in der Siegergalerie im Kindergarten und beim Sponsor. Die Fotos brauchen Sie auch für die Pressearbeit in diesem und im nächsten Jahr.

4 Rezepte für Seifenblasenflüssigkeit:

1. Süße Seifenblasen
3/4 Liter Wasser
70 Gramm Puderzucker
1/4 Liter Spüli
1 Esslöffel Glycerin

2. Große Seifenblasen
1 Liter Wasser
150 Milliliter Glycerin
350 Milliliter Shampoo

3. Riesige Seifenblasen
1 1/2 Liter Wasser
200 Milliliter Mais-Sirup
450 Milliliter Spüli

4. Stabile Seifenblasen
1/2 Liter Wasser
375 Gramm Neutralseife
13 Gramm Tapetenkleister
250 Gramm Zucker
eine Nacht Einweichzeit
4 1/2 Liter Wasser

Tipps:

■ Normales Leitungswasser enthält Kalk. Das bindet die Seife.
Die Rezepte funktionieren besser, wenn man demineralisiertes
oder destilliertes Wasser aus der Drogerie, dem Baumarkt oder
der Apotheke nimmt.

■ Am besten alle Zutaten bei Zimmertemperatur verwenden.

■ Zunächst den Zucker oder Sirup und das Glycerin mit etwas
Wasser und der jeweiligen Seife verrühren, bis sich alles aufge-
löst hat. Dann erst das Restwasser unterrühren.

■ Die Rezepte funktionieren besser, wenn man die Lösung einige
Stunden ruhen lässt.

■ Glycerin macht die Seifenblasen haltbarer und schillernder.
Man bekommt es in der Apotheke.

■ Schaum auf der Lösung verschlechtert die Qualität der Seifenblasen. Wenn sich zuviel Schaum gesammelt hat, muss er ab-
geschöpft werden.

Farbige Seifenblasen
1/2 Liter Seifenblasenflüssigkeit
10 Gramm Lebensmittelfarbe auf Zuckerbasis

Leuchtende Seifenblasen
Meine Apothekerin hat mir den Tipp gegeben, dass man mit fluoreszierendem Natrium in der Seifenblasenflüssigkeit einen schönen Nachteffekt erzielen kann. Bitte fragen Sie nach den fleckenden Eigenschaften von Natrium und nach der Hautverträglichkeit.

Pusteringe:
- Pusteringe lassen sich in allen denkbaren Formen herstellen. Dazu nehmen Sie Blumendraht und umwickeln ihn mit Wolle oder Mull.
- Große Ringe machen Sie am besten aus 2 bis 3 Millimeter starkem Kupfer- oder Messingdraht. Den Draht verdrillen Sie. Wenn Sie einen dickeren Draht haben, brauchen Sie nur einen Schnürsenkel aus Schlauchgewebe. Sie schneiden die Enden ab und ziehen den Schlauch über den Draht.
Den Draht biegen Sie dann zu einem Ring von ca. 20 cm Durchmesser, den Sie an einem Stab befestigen.

Variationen: Wasserpistolen-Turnier, Luftballon-Fest
Mit ähnlichen Regeln können Sie auch ein wesentlich turbulenteres Sommer-Event veranstalten.
Beim Wasserpistolen-Turnier haben Sie einen identischen Aufbau. Allerdings bekommen die Mannschaften keine Pusteringe und Seifenblasenflüssigkeit, sondern kleine Wasserpistolen und buntes Wasser.
Das Spiel endet mit hoher Wahrscheinlichkeit in einer ziemlichen Schweinerei. Es ist gut möglich, dass Sie allzu seriöse Erwachsene nicht dazu bewegen können, dabei mitzumachen. Das verschlechtert Ihre Einnahmen und verleiht dem Fest eher den Charakter eines Kinder-Events als eines Familien-Events.
Eine ähnliche Faszination wie Seifenblasen haben Luftballons. Ein Luftballon-Fest kann das Thema Luftballons ähnlich für Musik, Experimente und Spiele nutzen.
Ein sehr langsames Spiel kann man beim gleichen Aufbau austragen. Der Fänger bekommt Arbeitshandschuhe, die mit Sandpapier be-

klebt sind. Jeder zerplatzte Ballon ergibt einen Punkt. Um das Zuwerfen schwerer zu machen, können Ventilatoren eingesetzt werden. Denkbar ist auch ein Spiel, bei dem ein Team aus drei Spielern besteht: einem »Werfer«, der in einem Sicherheitsabstand zum Mittelkreis steht und Luftballons der eigenen Farbe zuwirft. Im Mittelkreis sind der »Sammler« und der »Knaller« mit einem Gürtel Rücken an Rücken gebunden. Mehrere Mannschaften versuchen gleichzeitig, möglichst viele Ballons der eigenen Farbe zu sammeln, während die »Knaller« der verschiedenen Mannschaften mit Sandpapierhandschuhen versuchen, möglichst viele fremde Luftballons zum Platzen zu bringen. Die Mannschaft mit den meisten heilen Luftballon der eigenen Farbe gewinnt die Partie und kommt eine Runde weiter.

Dieses Spiel ist eher nicht für kleine Kinder geeignet. Bedenken sollten Sie auch: Je mehr Personen eine Mannschaft bilden, desto weniger Anmeldungen bekommen Sie. Sie brauchen sehr viele Luftballons; Helfer werden als Luftballonaufpuster und -zuknoter eingesetzt.

Um auf das Problem der nicht passenden Anmeldungszahlen zu reagieren, das im Kapitel »Turniere« beschrieben wird, können Sie in jeder Runde eine andere Teamzahl gegeneinander antreten lassen. Das erfordert etwas Zahlenpuzzlei. Wenn Sie das vermeiden wollen, denken Sie sich eine Qualifikationsaufgabe zum Thema Luftballons aus. Zum Thema Luftballons können Sie sich noch unzählige Spiele einfallen lassen.

2. Meisterschaften

Bei Meisterschaften geht es um einen Titel. Es geht darum, den Besten in einem Spiel zu ermitteln. Dafür gibt es viele Methoden. Sie können alle Teilnehmer in einer festen Startreihenfolge antreten lassen. Wenn Sie alle gleichzeitig an den Start schicken, haben Sie ein klassisches Rennen. Für viele Disziplinen bietet sich eine ganz und gar bunte Reihenfolge an. So wie die Mitspieler sich anmelden, gehen Sie auch an den Start. Das hat den Vorteil, dass jeder Teilnehmer einmal oder auch mehrmals starten kann. Ihnen bringt das mehr Startgeld. In einem ganz anderen Modell ermittelt eine Jury den Gewinner.

Während ein Turnier einen natürlichen Spannungsbogen hat, müssen Sie bei einer Meisterschaft erst einen schaffen – oder bewusst darauf verzichten. Auf jeden Fall ist es sehr wichtig, die Abläufe vorher genau zu planen und selbst zu testen.

Tipps für die Anmeldung finden Sie im Kapitel über Turniere.

Die 1000 Starts

Für ein Fundraising-Event bietet sich eine Meisterschaft an, bei der unendlich viele Starts erlaubt sind. Da Sie für jeden Start erneut Startgeld kassieren, kann jeder Mitstreiter so oft an den Start gehen, wie er möchte. Es zählt allein das Ergebnis seines Versuchs.

Tims Papierflug hatte zum Beispiel eine Weite von 11,34 Meter. Die 11,34 Meter werden in die Bestenliste eingetragen. Dabei ist es völlig egal, dass Tim vorher schon sieben kürzere Versuche gestartet hatte. Er landet auf der Liste trotzdem vor dem Flug von Miriam, die im ersten Versuch 11,10 Meter erreichte. Aber Miriam kann natürlich versuchen, mit dem nächsten Start besser als Tim zu sein, um Meisterin zu werden.

Bei dieser Methode setzen Sie das Startgeld relativ niedrig an, da Sie es den Spielern möglichst leicht machen möchten, sehr oft an den Start zu gehen.

Im Laufe der Meisterschaft entstehen fast von allein eine Dynamik zwischen den Mitspielern und ein Spannungsbogen, der das Zuschauen interessant macht. Eine lockere Moderation kann den Anfang beschleunigen. Günstig sind feste Zeitpunkte, zu denen die momentanen Zwischenstände bekannt gegeben werden, z. B. immer zur halben Stunde.

Ein Beispiel dafür ist die Papierflugmeisterschaft.

Das Rennen

Alle Teilnehmer gehen an den Start. Der Startschuss fällt. Das Rennen geht los. Nach einigen Augenblicken steht fest, wer den ersten, zweiten und dritten Platz auf dem Siegertreppchen erobert hat.

Das Rennen ist die einfachste Methode, um einen Meister zu ermitteln. Für Events bringt es aber zwei Probleme mit sich. Entweder wählt man eine Disziplin, die einen langen Rennverlauf hat. Das hat den Nachteil, dass die Spieler sehr lange »aus dem Verkehr gezogen sind«. Sie können an den anderen Aktivitäten des Events nicht teilnehmen.

Die andere Möglichkeit ist ein kurzer Rennverlauf. Es ist aber sehr schwer, die Aufmerksamkeit des Publikums damit für längere Zeit zu binden. Deshalb müssen Sie in einer Vielzahl von Unterdisziplinen Meisterschaften austragen, zum Beispiel einen Extralauf für Kinder starten und einen für Großväter, einen Rückwärtslauf, ein Rennen in Kostümen, einen Lauf mit Haken und Ösen und einen mit speziellen Schikanen, die Sie sich in einer gemeinen, aber lustigen Stunde ausgedacht haben.

Zum Schluss folgt dann die Meisterdisziplin, der »reine« Lauf ohne irgendwelche Besonderheiten. Sie brauchen dann eine Reihe von Preisen, die zu den jeweiligen Unterdisziplinen passen. Wie das Rennen aussehen kann, zeigt die Schlauchboot-Rallye.

Die Jury-Entscheidung

Es geht nicht immer um höher, schneller und weiter. Manchmal entscheidet die Schönheit, die Kreativität, die technische Finesse oder alles zusammen. Diese Entscheidungen werden von einer Jury gefällt.

Wenn Sie eine Jury entscheiden lassen, gibt es eine längere Phase, in der die Mannschaften, bauen, schnitzen, formen, basteln oder einüben. Anschließend gibt es eine Begehung von der Jury. Sie vergibt Punkte und kürt die Sieger.

Eine Juryentscheidung wirkt oft etwas willkürlich. Diesem Eindruck können Sie vorbeugen. Wählen Sie eine Wertung, die jeder schnell versteht. Die gebräuchlichsten sind Schulnoten, Punkte von 0 bis 10 oder Platzvergaben, bei denen jeder Juror sagt, welchen Platz ein Mitbewerber seiner Meinung nach belegt.

Die Zusammensetzung der Jury sollte möglichst heterogen sein, d.h. Menschen aus möglichst unterschiedlichen Bereichen finden sich in der Jury zusammen. Zum Beispiel kann ein Kind Mitglied der Jury sein, ein Vertreter des Sponsors, ein Künstler, eine Großmutter und ein Mitglied aus dem Team des Kindergartens. Um Pattsituationen bei der Kür der Sieger zu vermeiden, sollte die Jury immer ungerade Mitgliederzahlen umfassen.

Wenn Sie es noch etwas gerechter haben möchten, können Sie bei jeder Wertung den besten und den schlechtesten Wert streichen. Wenn zum Beispiel eine Sandburg von den einzelnen Juroren die Wertungen 5, 8, 10, 7 und 8 Punkte bekommen hat, streichen Sie die 5 und die 10. Nur die drei mittleren Werte 7, 8 und 8 Punkte fließen in die Wertung ein. Wenn der schlechteste oder der beste

Wert mehrmals vorkommen, streichen Sie ihn natürlich nur einmal. Noch gerechter wird es mit dem Zufallsgenerator. Per Würfel oder per Los entscheiden Sie, welche Werte der Juroren in die Wertung einfließen und welche nicht. Das ist etwas aufwändig. Da Sie aber keine Eiskunstlaufweltmeisterschaften austragen, wird das in der Regel auch nicht nötig sein.

Auf jeden Fall sollten Sie bei der Begehung standardisierte Fragen stellen, also jedem Bewerber dieselben Fragen zu seinem Werk stellen. Damit vermeidet man, dass die Jury sich mit Tonys Werk nur anderthalb Minuten beschäftigt, während sie sich mit Martina zehn Minuten lang über ihren Beitrag unterhält und Martina dadurch Tony gegenüber einen Vorteil genießt. Auf die Fragen, die gestellt werden, muss die Jury sich im Vorfeld einigen.

Eine andere Art der Juryentscheidung ist die Zuschauerabstimmung. So können bei Straßenfesten die Besucher über den besten Straßenkünstler abstimmen, indem sie Münzen in die Hüte werfen. Entscheidend für den Gewinn ist dann nicht die Summe des eingenommenen Geldes, sondern die Anzahl der Münzen.

Das funktioniert aber nur, wenn Sie sehr viele Zuschauer haben. Wenn die Gäste in der Hauptsache die Familien der Kinder sind, wird die Abstimmung nur ein Ergebnis haben: Jedes Kind bekommt die Stimmen der eigenen Familie.

Ein Beispiel für eine Juryentscheidung ist die fanstast-o-mobile Oldtimer-Schau.

2.1. Beispiel Meisterschaften: Papierflugmeisterschaft

Idee

Über die Jahre hinweg bleibt ein Kinderspiel beliebt: Seit Generationen werden Kinder für einige Wochen oder auch länger vom Papierflugzeug-Fieber gepackt. Es ist völlig unbekannt, wie das Fieber wieder heilt – entweder durch Nervenzusammenbruch der Erwachsenen, Papiermangel oder durch verlorengegangenen Reiz. Das ging schon den Großeltern der heutigen Kindergartenkinder so. So sind über die Jahre hinweg unzählige Flugzeugtypen in den Hangars der Kinderzimmer entworfen worden, losgeflogen und früher oder später wieder gelandet.

Nutzen Sie dieses generationsübergreifende Kinderspiel für ein

Event. Suchen Sie den Papierflug-Meister. Jeder kann mit seinen Maschinen an den Start gehen. Die Weite wird gemessen und in die Bestenliste eingetragen. Der weiteste Papierflug wird am Ende des Events gekürt.

Ablauf

Otto Lilienthal, die Gebrüder Wright und der Kindergarten Sonnenschein – Inbegriffe der Flugkunst. Die Gurte sind angeschnallt und die Sunshine-Air heißt die Besucher der großen Papierflugmeisterschaft willkommen. Alles ist fertig zum Start oder – wie wir Piloten sagen – »ready for take-off«.

Noch liegt ein Rest von Morgennebel über dem Flugfeld. Aber als die Hobbypiloten Paula und Hendrik mit ihren Eltern eintreffen, sind schon einige andere Gäste dort. Paula saust ein Papierflugzeug um die Ohren. Es scheint eher ein unausgereifter Prototyp zu sein. Er kommt nicht weit, bevor er jäh abstürzt.

Die beiden entdecken die Flugzeugwerkstätten und lassen sich sofort von Ingenieuren der Sunshine-Air in die Konstruktion von Papierflugzeugen einweihen. In einigem Abstand stehen Erwachsene dabei und schmunzeln. Paulas und Hendriks Eltern gehen zu ihnen. Nach einiger Zeit sind sie in heftigem Erinnerungsaustausch und Fachsimpeleien vertieft. Dann macht Paulas Papa den folgenschweren Fehler zu behaupten, dass er schon immer bessere Flugzeuge gebaut habe als der Vater von Karla. Der will das so nicht auf sich sitzen lassen. Die beiden dazugehörigen Ehefrauen gucken sich vielsagend an. Von diesen beiden großen Kindern sehen sie heute wohl nicht mehr viel. Um so mehr Zeit bleibt ihnen, sich auf dem Fluggelände umzusehen.

Die Meisterschaft wird auf einem kegelförmigen Feld ausgetragen. Damit die Flugzeuge einen besseren Start haben, ist an der Kegelspitze ein kleines Podest aufgebaut. Gerade startet Paulas erstes Flugzeug. Die Fluglotsen der Sunshine-Air ziehen das Maßband vom Podest bis zur Absturzstelle. Alle Achtung – bis jetzt war das der weiteste Flug. Ein Fähnchen wird in den Boden gesteckt, um den bisherigen Rekord für alle sichtbar zu zeigen. Die Weite wird festgehalten und wandert ganz nach oben auf die Bestenliste. Schon kommt Paulas Papa und zeigt stolz sein Werk. Er möchte, dass ihm alle Glück wünschen. Aber der Flug geht derart nach hinten los, dass er froh sein kann, nicht noch hinter dem Startpunkt gelandet zu sein. Das bedeutet Überstunden für den Flugzeugkonstrukteur und etwas Spott von Karlas Vater.

Die beiden Frauen gehen lieber weiter. Auf dem Gelände der Sunshine-Air gibt es noch so viel zu entdecken. Da ist die Geschichtenwerkstatt, in der die kleinen Flieger einer Fluggeschichten-Erzählerin lauschen, da stehen Kisten mit Pilotenkostümen, kleine Flugexperimente finden statt, Schautafeln locken Neugierige an. In einer Werkstatt arbeiten alle für den Sonderwettbewerb »Bestes Design für ein Papierflugzeug«. Dort dürfen auch Farbe, Klebstoff, Federn und andere Materialien zum Einsatz kommen. Es gibt einen Preis für die Kinder und einen für die Erwachsenen.

Ganz in der Nähe steht ein interessanter Schaukasten. Ein bekannter Künstler hat ein Papierflugzeug gestaltet - ein Kunstwerk, das man getrost rahmen kann. Es kann später ersteigert werden. Auch von einem Fußballer und einer Sängerin signierte Flugzeuge gibt es. Zu beiden gehört eine kleine handgeschriebene Papierflugzeug-Anekdote. Das ist aber eher etwas für Fans. Karlas Mutter hat sich so in das Wunderwerk des Künstlers verguckt, dass sie im Geiste sogar schon das Wohnzimmer umdekoriert. Und wenn ihr Mann, wie ein Blick auf die Anzeige zeigt, schon acht Flugversuche gestartet hat, dann kann sie ja wohl bei einer Kunstauktion mitbieten.

Karla und Paula brauchen erst einmal eine Pause. Sie überreden ihre Eltern zu einem kleinen Imbiss. Es gibt zum Glück kein Flugzeug-Essen. Die Sunshine-Air ist wohl die kulinarischste Fluglinie der Welt. Sie bietet ihren Gästen einen großen Flugplan auf einer Weltkarte. Die Sunshine-Air hat keine Mühen gescheut: Aus allen Regionen der Welt gibt es Spezialitäten, die man probieren kann.

Hendrik hat sich inzwischen etwas aus dem Wettbewerb zurückgezogen. Bei der letzten Verkündung des Zwischenstands lag sein dritter Flug scheinbar uneinholbar vorne. Er geht zum Kartontheater. Dort wird in tollkühnen fliegenden Kisten ein kleines Stück geprobt und Hendrik möchte gerne mitspielen.

Karla hat jetzt den Hauptpreis der Meisterschaft erspäht. Es gibt einen Flug mit dem Segelflieger einmal rund um die Stadt und das Segelflugzeug steht sogar hier auf dem Flugfeld der Sunshine-Air. Ein echter Segelflieger gibt Auskunft darüber, wie ein solcher Flug funktioniert. Der Segelflieger dachte, er wisse, was es heißt, Löcher in den Bauch gefragt zu bekommen, aber da kannte er Karla noch nicht! Karlas Ehrgeiz ist geweckt. Jetzt will sie es allen Papas und Hendriks zeigen, wie man ein Papierflugzeug baut. Paulas Mutter hat inzwischen das Wetten am Groschenglas für sich entdeckt. Man kann einen Gutschein für 50 fliegende Luftballons für den nächsten Geburtstag gewinnen.

Am Nachmittag starten die Auktionen und verlangen alle Aufmerksamkeit. Karlas Mutter hat tatsächlich den »Fliegenden Picasso« ersteigert, erzählt allen etwas von der Wertsteigerung in den nächsten Jahren und beschreibt, wohin sie das Werk hängen möchte. Der Künstler ist auch noch da. Mit einem so begeisterten Fan unterhält er sich gern. Er ist auch Mitglied in der fünfköpfigen Jury, die anschließend die Kunstwerke der kleinen und großen Teilnehmer am Designwettbewerb begutachtet. Während die Jury noch berät, sind es nur noch wenige Minuten bis zum Schluss der Papierflugmeisterschaft. Karla hat das Rekordfähnchen sehr weit in das Flugfeld hineingeschoben. Dort wird ein kleiner Gedenkstein das ganze Jahr über an diesen Tag erinnern. Karlas Name und die Flugweite werden auch verewigt. Hendrik bleibt nur noch Platz zwei. Aber mit dem zweiten Preis ist er auch glücklich.

Die beiden Mütter mussten lachen, als Sie die Trostpreise ihrer Männer sahen. Für die beiden gab es je ein Buch mit Papierflugzeug-Faltanleitungen zum Üben. Einer der beiden grummelte noch etwas wie: »Warte nur bis zum nächsten Jahr!«

Zum Abschluss findet am Abend die Aufführung des tollkühnen Kartontheaters statt. Erschöpfte Piloten wollen nach einem harten Tag auf dem Flugfeld natürlich auch noch etwas essen. Da hat die Sunshine-Air vorgesorgt.

Vorschläge für das Rahmenprogramm

Verwandeln Sie Ihr Kindergarten-Außengelände in ein wahres Flugfeld. Nehmen Sie Ihr Thema, bewegen Sie es im Geiste hin und her und sammeln Sie Ideen.

Natürlich gibt es einen Bastelworkshop für Papierflugzeuge. Kleine und große Flugexperimente suchen junge Forscher. Schautafeln erklären, wie was funktioniert und informieren über Flugpioniere.

Eine große Kostümkiste und ein Karton-Improvisationstheater laden vor allem die Kinder zu einer kleinen Weltreise im Garten ein.

Eine Geschichtenerzählerin hat eine ruhige Ecke für alle erschöpften Piloten gestaltet. Dort werden abenteuerliche Geschichten von Piloten und Flugreisen vorgelesen – zwischen Charles Lindbergh und

Robbie, Tobbie und dem Fliewatüüt. Sammeln Sie die Papierflugzeugmodelle der verschiedenen Generationen. Das bindet auch ältere Besucher in das Event ein.

Daraus lässt sich außerdem für die Zukunft ein kleines Buch oder ein Kalender gestalten.

Wenn Sie ein großes Außengelände haben, ist ein echtes Flugzeug natürlich ein ganz besonderer Publikumsmagnet. Gerade Segelflieger können hervorragend Tipps für Papierflugzeugpiloten geben.

Bei der Wahl der Speisen haben Sie mindestens zwei Möglichkeiten. Wenn Sie das Thema Flugreisen als roten Faden wählen, bietet es sich an, eine Weltkarte mit Flugverbindungen zu malen und Speisen aus aller Welt zu verkaufen.

Sie können auch das »Luftige« in den Mittelpunkt Ihres kulinarischen Angebots stellen. Dann gibt es Windbeutel, gefüllte Blätterteigtaschen, Esspapier-Flugzeuge oder als Flugzeuge geformtes Hefegebäck.

Eine solche Meisterschaft eignet sich hervorragend für eine Versteigerung. Sie können Prominente um signierte Papierflugzeuge, Fotos oder passenden Anekdoten bitten. Künstler, die ein Kunstwerk schaffen und es stiften, sind natürlich ein unbezahlbarer Glücksfall.

Als Groschenglas-Wette bietet sich ein Tipp auf die Weite des Erst- oder Fünftplatzierten an. Der Gewinn muss eine ganz besondere Attraktivität haben. Vielleicht passt auch der Preis zum Thema?

Auf jeden Fall sollten Sie einen Workshop anbieten, in dem attraktive und ungewöhnliche Flugzeuge gestaltet werden. Hier können Sie ruhig andere Materialien erlauben. Es bietet sich an, Preise für verschiedene Altersgruppen auszuschreiben, da Erwachsene sonst keine Chance haben. Eine kleine Gebühr für den Workshop bessert Ihre Einnahmen auf.

Als Merchandising-Artikel bieten sich dekorativ gestaltete Papierflugzeug-Faltanleitungen oder Flugkarten an.

Wieder können Sie Erinnerungsfotos zum Mitnehmen anbieten. Auf alle Fälle sollten Sie ein Archiv mit Fotos der verschiedenen Flugzeugtypen anlegen.

In Zusammenarbeit mit einem Buchladen, könnten Sie einen Büchertisch anbieten. Auf diesem Büchertisch kann es die Geschichten der Erzählerin über Abenteurer und Flugpioniere, Bastel- und Faltbücher und Bücher über Flugexperiemente geben. Sie können auch Bastelsätze für Experimente und Flugzeugmodelle zum

Kauf anbieten. Und viele Besucher werden mit Gas gefüllten Luftballons nicht widerstehen können.

Für die Meisterschaft brauchen Sie eine Reihe von passenden und verlockenden Preisen, die eine Schlagzeile wert sind. Mindestens die besten fünf Piloten sollten etwas gewinnen. Preise für die zehn besten Teilnehmer wären noch besser.

Spielregeln

☛ Derjenige, der bis x Uhr ein Papierflugzeug gebaut hat und dieses Flugzeug eigenhändig am weitesten hat fliegen lassen, wird diesjähriger Papierflugzeug-Meister.

☛ Ein Papierflugzeug wird ausschließlich aus einfachen DIN-A4-Blättern aus Papier gefertigt.

Es ist nicht erlaubt, andere Materialien wie Klammern, Klebstoff oder größeres Papier zu verwenden.

☛ Die offiziellen Flugbegleiter geben das offizielle Flugzeugpapier an die Piloten aus.

☛ Vor dem Start geben die Piloten den Flugbegleitern das Flugzeug zur Kontrolle. Die Piloten zahlen am Tower eine Startgebühr in Höhe von x Euro.

☛ Bei einem Rückenwind über x Meter pro Sekunde finden keine Starts statt.

☛ Zum Start stellen sich die Piloten unter 1,50 Meter auf das Abflugpodest. Größere Piloten stellen sich dahinter.

☛ Es werden nur Flüge gewertet, die innerhalb des markierten Kegels gelandet sind.

☛ Das Bodenpersonal misst die Weite des Fluges. Es gilt die Stelle, an der das Papierflugzeug endgültig liegenbleibt.

☛ Wird das Papierflugzeug am Boden von einem Windstoß erfasst, gilt der Punkt, an dem es zuerst liegengeblieben ist.

☛ Die Weite wird festgehalten. Eine Bestenliste zeigt die bisher besten Flüge an. Ein Fähnchen im Kegel markiert den bisherigen Spitzenreiter.

☛ Fliegt ein Flugzeug gegen das Fähnchen, kann der Pilot entscheiden, ob er den Flug wiederholen möchte. Wenn er den Flug nicht wiederholen möchte, wird die bisherige Rekordweite plus ein Zentimeter als Flugweite angenommen.

☛ Niemand außer dem Bodenpersonal darf den Kegel betreten. Keiner darf fliegende Flugzeuge behindern oder ihnen helfen.

☞ Nach einem Flug bekommt das Flugzeug vom Bodenpersonal einen Stempel.

☞ Jeder Pilot darf so oft antreten, wie er möchte. Ein Flugzeug darf allerdings nur dreimal starten. Der Pilot muss bei jedem Start Startgeld bezahlen.

Es wird nur das beste Ergebnis eines Piloten in die Bestenliste eingetragen.

☞ Zu jeder halben Stunde gibt das Bodenpersonal den bisherigen Stand bekannt.

☞ Der Rechtsweg ist ausgeschlossen. Beschweren können Sie sich beim Tower! Aber Meckern ist zwecklos.

Anmerkungen zu den Spielregeln

Sie sollten die Regeln auf Ihre Bedingungen, etwa im Weg stehende Bäume, abstimmen. Einige Vorschläge für Variationen:

- Sie können bestimmte, vorher festgelegte Materialien für den Bau erlauben, z. B. eine Büroklammer pro Flugzeug.
- Sie können mehrere Flüge eines Piloten in die Bestenliste aufnehmen. Es besteht aber die Gefahr, dass dann ein Pilot alle Preise abräumt und die anderen Piloten frustriert sind.
- Um den Wettbewerb zu erschweren, können Sie sich Schikanen wie Ventilatoren einfallen lassen. Achten Sie aber darauf, dass auch Kinder eine Chance haben. Sie müssen auf jeden Fall vorher mehrmals testen, ob es nicht zu schwer wird, unter den erschwerten Bedingungen überhaupt einen guten Flug zu landen.
- Das Wetter kann die Meisterschaft verzerren. Achten Sie auf den Rückenwind.
- Sie können jedes Flugzeug öfter zulassen oder auch nur ein einziges Mal. Achten Sie aber dann darauf, dass nur ein Flug pro Pilot eingetragen wird. Ein Rekordpapierflugzeug kann sonst alle Preise auf einmal abräumen.
- Der Preis des Meisters muss sehr attraktiv sein, damit man bereit ist, dafür mehr Startgeld zu investieren.

Materialien und Aufgabenverteilung

Die Aufgaben- und Materiallisten beschreiben wieder nur die Meisterschaft selbst. Tipps für die Bewirtung und alles drum herum gibt es im Kapitel über das Rahmenprogramm und die Nebeneinnahmen zum Nachschlagen.

Für folgende Aufgaben müssen Sie jemanden einteilen:

■ Sie brauchen im Tower einen Moderator. Er übernimmt es, am Anfang die Meisterschaft in Schwung zu bringen, die halbstündigen Ergebnisse zu verkünden, einen Kommentar zu dem einen oder anderen Flug abzugeben und die Versteigerung und die Preisverleihung zu moderieren.

■ Sechs bis neun Personen bilden das Bodenpersonal, das den Abflugschalter betreut, Fluglotse und Flugschreiber ist und den Service der Sunshine-Air übernimmt.

Am Abflugschalter sitzen zwei Personen. Sie geben die offiziellen Papierbögen heraus, übernehmen die Sichtkontrolle der Flugzeuge, kassieren die Startgebühr, stempeln die Flugzeuge ab und nehmen die Tipps für das Groschenglas an.

Zwei Fluglotsen regeln, wer wann startet und messen die Flugweite.

Der Flugschreiber notiert sich die Weiten der Flüge und führt die Bestenliste. Ein Assistent kann den Flugschreiber entlasten.

Ein bis drei Personen bilden das Service-Personal. Sie helfen beim Falten der Flugzeuge, geben Anregungen und sammeln die Modelle der Piloten.

■ Sie brauchen eine Geschichtenerzählerin und mindestens eine Person beim tollkühnen Kartontheater. Eventuell brauchen auch einige der Experimente Betreuung.

■ In der Designwerkstatt brauchen Sie mindestens zwei Personen. Drei wären besser. Sie helfen beim Basteln, geben Anregungen und sorgen für Materialnachschub.

■ Ein Fotograf sollte das Event dokumentieren und ein Archiv der Papierflugzeugmodelle anlegen. Ein Helfer oder eine Helferin sollte den Druck und Verkauf der Andenkenfotos managen.

■ Außerdem brauchen Sie Freiwillige bei der Bewirtung und für das restliche Rahmenprogramm.

Folgende Räume bzw. Flächen und Gegenstände brauchen Sie für die Papierflugmeisterschaft:

- Die Papierflugmeisterschaft braucht gutes Wetter. Wegen der Flugweiten muss sie draußen stattfinden. Sie brauchen eine große, freie Fläche. Eventuell ist ein Windschutz nötig.
- Sie brauchen ein Abflugpodest. Das kann ein Turnkasten oder eine stabile Holzkiste sein. Daneben steht eine Messlatte, die misst, ob ein Pilot beim Start auf das Podest steigen darf oder dahinter stehenbleiben muss.
Um den Kegel zu markieren, brauchen Sie breite weiße oder rote Bänder. Eventuell leiht Ihnen der Fußballverein die Linien-Markier-Maschine. Der Winkel zwischen den beiden Bändern sollte groß genug sein, damit dort fast alle Flugzeuge landen können. Er sollte mindestens 60 Grad betragen. Ein Fähnchen am Start zeigt den Rückenwind an.
- Als Papierflugzeugpapier sollten Sie normales DIN-A4-Kopierpapier nehmen. Sorgen Sie dafür, dass der Vorrat nicht ausgeht. Es wäre zu schade, wenn Starts abgelehnt werden müssten, weil kein Papier mehr da ist.
- Die Fluglotsen brauchen zum Messen ein Maßband von der Rolle. Das können Sie sich von Sportvereinen oder Schulen leihen. Außerdem brauchen Sie eine lange Stange mit einem roten Wimpel daran.
Sie markiert die Weite des bisher besten Flugs. Wenn der Boden des Flugfelds sich nicht zum Hineinstecken eignet, brauchen Sie für die Stange einen Ständer.
Ein Stein markiert den Meisterflug das ganze Jahr über. Sie brauchen Werkzeug oder Farben, um den Stein zu beschriften. Der Stein muss groß genug sein, um nicht mit einem Fußtritt verschoben zu werden.
- Sie brauchen einheitliche Kleidung oder ein Erkennungsmerkmal für alle Mitarbeiter der Fluglinie.
- Denken Sie an Sitzgelegenheiten und Plätze zum Essen für Ihre Gäste.
- Eine Mikrofonanlage für den Tower hilft bei einem großen Außengelände, die Aufmerksamkeit des Publikums zu bündeln.
- Sie brauchen ein großes Plakat mit den Regeln der Meisterschaft.

- Den jeweiligen Zwischenstand der Bestenliste zeigen Sie auf einer großen Tafel an.
- Für das Groschenglas-Tippen werden wieder eine große Flasche oder ein Glas benötigt. Auf einer zweiten Tafel stehen die Regeln und die abgegebenen Tipps.
- Der Abflugschalter besteht aus einem Tisch, zwei Stühlen, einer Liste, auf denen die Namen der Starter, die Startzeit und die Flugweite notiert werden, einem Stempel und einem Stempelkissen, außerdem einer Kasse mit Wechselgeld.
- In der Flugzeugwerkstatt brauchen Sie einen großen Tisch und genügend Stühle. Dort betreut das Servicepersonal das Falten der Papierflugzeuge.
- Wenn Sie Lust haben, beschriften Sie Ihre Stationen mit großen Schildern.
- Der Flugschreiber braucht einen Block, Stifte und Kreiden, um die Flüge zu protokollieren.
- Für die Designwerkstatt brauchen Sie mehrere große Tische, eine Vielzahl von Bastelmaterialien, Klebstoff, Scheren und natürlich Stühle.
- Für die Versteigerung brauchen Sie ein Pult und einen Hammer. Am wichtigsten sind natürlich attraktive Sammlerstücke zum Versteigern.
- Für das Theater brauchen Sie Kostümkisten und Kartons. Eventuell gibt es eine kleine Bühne und einen Vorhang.
- Die Preise für eine solche Meisterschaft müssen verlockend sein. Am besten gewinnt nicht nur der Erste, sondern die ersten zehn Teilnehmer. Vielleicht haben Sie sogar Trostpreise. Wenn der Preis nicht gleich übergeben werden kann, basteln Sie einen riesigen Gutschein.
Denken Sie an die Preise für die am besten gestalteten Flugzeuge und das Groschenglas. Sie können auch dem Piloten mit den meisten Starts einen Sonderpreis verleihen.
Wenn Ihre Meister Urkunden oder Pokale bekommen, brauchen Sie Stifte und Werkzeuge, um die Namen einzutragen.
- Auf gar keinen Fall sollten Sie den Stand vergessen, an dem über die Verwendung der Einnahmen informiert wird.
- Ihr Fotograf braucht einen Fotoapparat und genügend Filme. Um interessante Fotos für die Siegergalerie zu schießen, helfen ihm spezielle Requisiten. Das kann ein Kranz, eine Schärpe oder

eine Krone sein. Die Fotos können Sie auch für die Pressemate-
rialien im nächsten Jahr verwenden.

Variationen: Papierschiffchen-Regatta

Wenn Sie einen kleinen Bach in der Nachbarschaft haben, können
Sie mit einer Variation ein ganz anderes Thema für Ihr Event nutzen.
Lassen Sie Ihre Gäste Papierschiffchen falten. Statt der Weite des
Flugs messen Sie die Zeit, die die Schiffchen für eine bestimmte
Strecke brauchen. Sie spannen zwei Schleifen oder Transparente
über den Bach. Sie markieren den Start und das Ziel. Mit einer Star-
terklappe und einer Stoppuhr messen Sie die Zeiten. Der Kapitän mit
der schnellsten Zeit gewinnt.

Rund um den Bach entsteht Ihr Festgelände und alles dreht sich um
das Thema Kapitäne und Seefahrt. Es gibt Seemannsgarn, Papier-
werften, eine hervorragende Kombüse und auch sonst machen Sie
Ihren Bach zum 8. Weltmeer.

2.2. Beispiel Meisterschaften: Schlauchboot-Rallye

Idee

Gummiboote haben schon etwas Komisches an sich. Sie sind nicht
so recht ernst zu nehmen. Andererseits wirken Sie doch sympathisch
und sommerlich.

Der Schnellste zu sein ist ein uralter Wunsch. Aber am liebsten
möchte man auf dem Weg dahin nicht alles riskieren, nur für den Fall,
dass man nicht der Allerschnellste ist.

Geben Sie den Wettstreitern eine Chance und küren Sie den
Schlauchboot-Meister in einer Schlauchboot-Rallye. Machen Sie
daraus ein nasses Sommerspektakel mit viel zum Gucken und Lachen für die ganze Familie.

Ablauf

»Endlich ist es soweit, meine Damen und Herren, die diesjährige
Schlauchboot-Rallye nähert sich ihrem Höhepunkt. Die Mannschaften stehen angespannt in ihren Startpositionen. Nervös wechselt das
kleine Ziel-Holzboot von Hand zu Hand. Der Schiedsrichter macht es
spannend, aber da – jetzt zückt er die Startpistole und PENG! DA
GEHT ES LOS. Die Mannschaften stürmen zu den Versorgungsstän-

den. Jede schnappt sich die Beutel mit den Wasserbomben und die beiden Zahnputzbecher. Weiter geht es im Gedrängel, die letzten Meter auf dem Land werden im Watschelschritt gespurtet, so gut es irgend geht. Die Taucherflossen stören doch erheblich. Mit einem letzten Satz springen die Starter in die Boote. Einige verfehlen es allerdings knapp. Was ist das? Was sehe ich? Die Mannschaft der Flusspiraten ist komplett im See gelandet und das Boot gekentert! Jetzt heißt es schnell sein, lasst die Wasserbomben Wasserbomben sein, Hauptsache das kleine Holzboot ist mit dabei!

Während die Flusspiraten noch mit den Startproblemen kämpfen, sind Blaubarts Mannen schon auf dem Weg zur ersten Wendemarke, dicht gefolgt von dem blauen Boot mit der Startnummer 17 – das müssten die Ellbogennixen sein – ja, sie sind es.

Die letzten Meter für Blaubarts Mannen bis zur Wende. Da heißt es: abbremsen. Ein kritischer Moment, da sie gleich danach an den Verfolgern vorbeikommen und die dann in aller Ruhe... – JA, SO IST ES AUCH! DIE ELLENBOGENNIXEN ERÖFFNEN DIE WASSERSCHLACHT! EIN GUTER WURF! DER PADDLER DES FÜHRUNGSBOOTS IST SCHWER GETROFFEN und klitschnass. Jetzt hat der Zahnputzbecherschöpfer viel zu tun. Das Boot ist schon ziemlich voll, da auch die anderen Mannschaften dazugestoßen sind und mit wasserschlachten.

Inzwischen schließen sogar die Flusspiraten auf. Ein einziges Knäuel Gummiboote. Wem wird es gelingen, daraus einen Vorsprung zu herauszuarbeiten? Da – die gelbe 12 – das sind die PFEILSCHNELLEN QUIETSCHE-ENTEN! DIE QUIETSCHE-ENTEN MACHEN SICH AUS DEM STAUB. Jetzt haben das auch die anderen Teams bemerkt und nehmen die Verfolgung auf.

Der Vorsprung der Quietsche-Enten ist groß, er wird wohl bis zum Zwischenstopp reichen – ja, sie gehen als Erste an Land. Die Schiedsrichter übernehmen gleich das Boot, um das Wasser im Boot für die Strafrunden am Schluss der Rallye zu messen. Da kommt was zusammen, wenn die anderen auch soviel Wasser getankt haben, haben wir in der Schlussrunde was zu gucken.

Die Quietsche-Enten watscheln zur ersten Zwischenaufgabe. Huiii - das ist schwer, jetzt mit dem hohen Puls, drei Fäden in drei Nähnadeln einzufädeln. Es sieht einfacher aus als es ist. Die ersten Versuche bringen die Paddlerin der Quietsche-Enten zur Verzweiflung. Inzwischen sind auch die ersten anderen Teams wieder an Land und am Nadel-und-Faden-Stand. Es sieht fast so aus, als wenn Blaubarts Mannen zu Hause geübt haben. Sie überholen alle und schreiten gleich weiter zur zweiten Zwischenaufgabe.

Ooohh! Die Aufgabe hat es in sich - mit Taucherflossen! Jetzt müsste man noch mal Kind sein. Die Kinder aus den Teams schaffen es hervorragend, durch den Tunnel zu kriechen, aber die Erwachsenen! Da wartet Tina auf ihren Papa, aber der steckt fest. Im Nachbartunnel geht es etwas besser vorwärts. Jetzt heißt es, den richtigen Tunnel zu wählen. Nicht, dass man hinter einem Steckenbleiber selbst steckenbleibt.

DA! DIE ERSTEN TEAMS MACHEN SICH auf den Rückweg, ZURÜCK ZUM BOOT.

Und schon geht es weiter auf dem See. Noch geht es zügig voran für die Ausreißer, aber die Ellenbogennixen sitzen ihnen im Nacken und verwickeln sie in eine neue Wasserschlacht. Das ist gerade für die führenden Hochseekapitäne bitter. Sie hatten schon in der ersten Hälfte viel, viel Wasser im Boot. Noch mehr Strafrunden können sie sich nicht erlauben. Da hat der Zahnputzbecherschöpfer im Team viel auszulöffeln.

Bis zur Wende kann sich die Mannschaft in Führungsposition halten, aber die Nixen und die Quietsche-Enten haben aufgeschlossen. Ein spannender Endspurt nach der letzten Wende! Die Quietsche-Enten kommen zuerst am Landeplatz an. Jetzt gilt es, wieder Wasser zu messen. Insgesamt hatten die Quietsche-Enten 540 Milliliter Wasser im Boot. Das bedeutet fünf Strafrunden mit dem kleinen Ziel-Holzboot auf der Badewanne. Jetzt muss gepustet werden, bis die Puste ausgeht. Schließlich zählt nur das Zielboot. Die Quietsche-Enten müssen ihres noch fünfmal durch die Badewanne pusten. Jaaaa, wenn man doch bloß noch Puste hätte! Die Hochseekapitäne trifft es noch härter. Allein bei der Zwischenmessung waren sie bei 410 Milliliter und jetzt kommen noch einmal 395 dazu. Knapp über 800 – das heißt: acht Runden pusten.

Die Nixen sind inzwischen am Pusteparcour angekommen. Ihre Wasserschlacht-Strategie scheint aufzugehen. Mit 340 Millilitern brauchen sie nur noch drei Runden. Dieses Jahr wird die Entscheidung auf der Badewanne fallen. Der Endspurt zwischen den Quietsche-Enten und den Nixen! Das wird haarscharf für die Enten. Sie sind mit ihrer Puste am Ende!

UND ES REICHT NICHT MEHR FÜR DIE QUIETSCHE-ENTEN; DIE

NIXEN ZIEHEN VORBEI UND MACHEN DAS RENNEN! DIE NIXEN WERDEN DIESJÄHRIGER SCHLAUCHBOOT-MEISTER! DAS PUBLIKUM TOBT UND FEIERT DIE SIEGER.«

Vorschläge für das Rahmenprogramm
Schmücken Sie das Gelände rund um den See, an dem Sie feiern. Nehmen Sie dazu zum Beispiel viele Badewannen, Waschzuber und Planschbecken. Auf jeder Wanne gibt es eine andere kleine Wasseraktion. Das können kleine Schwimmboote mit Luftballon- oder Kerzenantrieb sein, Aufziehschwimmtierchen, kleine Wasserspiele und -experimente oder seltsame Kieselsteine, in denen ein Unterwasserschatz versteckt ist. Abends geben Schwimmkerzen in den Badewannen und Planschbecken dem Fest einen unvergesslichen Glanz.

Überall sollte es von stillen und lauten Wasserspielen wimmeln. Eine Ecke muss unbedingt für eine wilde Wasserschlacht mit Wasserbomben reserviert sein.

Vormittags findet die Qualifikation für die eigentliche Rallye statt. Da Sie nur eine begrenzte Zahl von Schlauchbooten und damit Startplätzen haben, ist das unbedingt notwendig. Sie wollen ja von möglichst vielen Mannschaften Startgelder kassieren. Bei der Qualifikation sollte es auf keinen Fall um körperlichen Einsatz gehen. Sie können zum Beispiel das Schiffchen-über-die-Badewanne-Pusten zur Qualifikationsaufgabe machen. Die Bestplatzierten bekommen dann die Plätze in den Schlauchbooten.

Den ganzen Tag über sollten offene Spiele auf dem See stattfinden. So können zum Beispiel die Boote zusammengebunden werden und als wacklige Kulisse für das traditionelle Tickspiel dienen oder Springfontänen-Gemälde gemalt werden.

Wieder kann eine Geschichtenecke entstehen. Bauen Sie eine kleine Hafenkneipe, in der eine Erzählerin fleißig Seemannsgarn spinnt.

Die Hafenkneipe kann auch der Ausgangspunkt für eine Schatzsuche sein, die sich über das ganze Gelände hinzieht. An jedem Stand und an allen Badewannen gibt es kleine Hinweise zum Rätsel der Schatzsuche.

Errichten Sie eine Papierschiffchenwerft. Dort können einfache und komplizierte Modelle entworfen und gebaut werden.

Auch bei der Schlauchboot-Rallye bietet sich eine Versteigerung von Sammlerstücken an. Fragen Sie Prominente nach Autogrammen auf

Schiffchen, nach Anekdoten rund um das Gummiboot oder einen Künstler nach einem Werk.

Ein solches Spektakel wie die Schlauchboot-Rallye braucht unbedingt einen Jubelmaterial-Verkaufs- und Verleih-Stand. Wenn Sie möchten, können Sie auch noch eine Spruchbandwerkstatt einrichten.

Cheerleader und Vortrommler können die Stimmung weiter auf sommerliche Temperaturen anheizen.

Für die Groschenglas-Wette bietet es sich an, die gesamte unfreiwillig in die Boote geschaufelte Wassermenge des Finallaufs zu schätzen. Gerade bei einer solchen Rallye brauchen die Teams lustige Namen und eventuell Kostüme. Daraus können Sie einen eigenen Wettbewerb machen.

Für die Speisen muss es natürlich nicht nur Labskaus und Fisch sein. In Ihrer Kombüse kann es auch ganz andere Gerichte zum Thema geben, z. B. schiffchenförmige Sandwiches mit kleinen Segeln.

Als Merchandising bieten sich die Schiffchen mit Luftballon- oder Kerzenantrieb, Wasserspielzeug und Bücher über Seefahrt an, aber auch selbst gestaltete Anleitungen zu Wasserspielen und -experimenten und natürlich Erinnerungsfotos gleich zum Mitnehmen.

Spielregeln

☞ Ein Rallye-Team besteht aus zwei Personen aus zwei Generationen. Die Teammitglieder müssen mindestens x Zentimeter groß sein.

☞ Es werden nur Teams zur Rallye zugelassen, die sich bis zum xten yten um z Uhr in die Teilnehmerliste eingetragen und das Startgeld in Höhe von x Euro bezahlt haben. Originelle Teamnamen sind erwünscht und werden ausgezeichnet.

☞ Jedes Team erfährt bei der Anmeldung die Zeit, zu der es die Qualifikation antritt.

☞ Um sich für die Rallye zu qualifizieren, muss ein Team durch Anpusten ein kleines Holzboot fünfmal eine Badewanne längs und wieder zurück schwimmen lassen.

☞ Der Schiedsrichter gibt mit einer Hupe das Startsignal und stoppt die Zeit.

☞ Das Holzboot und das Wasser dürfen nicht berührt werden. Andernfalls wird eine Mannschaft disqualifiziert.

☞ Die schnellsten x Zeiten erscheinen auf der Bestenliste (x ist hier die Zahl der Schlauchboote).

☛ Jede Mannschaft darf mehrmals antreten. Sie muss bei jedem Mal das Startgeld bezahlen. Es wird nur die beste Zeit des Teams in die Bestenliste eingetragen.

☛ Um x Uhr endet die Qualifikation. Die x Mannschaften, die zu diesem Zeitpunkt die schnellsten Runden gedreht haben, bekommen einen Startplatz in der Schlauchboot-Rallye.

☛ Der Schiedsrichter lost aus, welche Mannschaft welches Schlauchboot bekommt. Die Schlauchboote erhalten originelle Startnummern.

☛ Jeder Rallye-Teilnehmer bekommt eine Schwimmweste.

☛ Jeder Teilnehmer der Rallye muss Taucherflossen tragen. Wer ohne Taucherflossen ist, wird disqualifiziert.

☛ Jedes Team bekommt ein kleines Holzboot. Die Mannschaft, deren Holzboot als erstes das Ziel erreicht, gewinnt die Rallye.

☛ Die Rallye beginnt an Land. Der Schiedsrichter gibt mit der Hupe das Startsignal. Die Teams können sich zwei Zahnputzbecher und beliebig viele Wasserbomben vom Versorgungsstand mitnehmen.

☛ Anschließend besteigen die Teams die Boote, die ihnen durch Los zugeteilt wurden. Sie umfahren die Wendemarke und paddeln zur Zwischenstation.

☛ Während der Fahrt ist es erlaubt, die Gegner mit Wasserbomben zu bewerfen und mit Wasser zu bespritzen. Jegliche andere Behinderung ist verboten und wird mit Disqualifizierung geahndet.

☛ Wasser darf nur mit Hilfe der Zahnputzbecher aus dem Boot entfernt werden. Wer die bloßen Hände nimmt oder das Boot umdreht, bekommt an der Zwischenstation bzw. am Ziel einen »Strafliter« ins Boot gegossen.

☛ An der Zwischenstation messen Messteams die Wassermenge, die sich im Boot befindet, notieren den Wert und schütten das Boot aus.

☛ An der Zwischenstation müssen die Teams zunächst einen Faden durch drei Nadelöhre fädeln.

☛ Anschließend müssen die Teams gemeinsam durch einen Tunnel kriechen.

☛ Danach laufen die Teams zum Boot zurück, paddeln zur Wendemarke und zum Zielbereich.

☛ Eine Mannschaft muss gemeinsam und mit Taucherflossen an den Füßen, mit Schlauchboot und Holzboot im Ziel ankommen.

☛ Im Zielbereich wird erneut das Wasser im Boot gemessen. Für je

100 Milliliter Wasser, die die Mannschaft beim Zwischenstopp und im Ziel im Boot hatte, muss das kleine Holzboot einmal in der Badewanne hin und her gepustet werden.

Ein Messteam zählt die Rundenzahl der einzelnen Mannschaften rückwärts. Sobald das Holzboot der Mannschaft die letzte Runde absolviert hat, betätigt das Messteam eine Hupe.

☛ Die Mannschaft, deren Holzboot zuerst am Ziel ist, hat die Rallye gewonnen.

☛ Der Rechtsweg ist ausgeschlossen. Beschweren können Sie sich beim Schiedsrichter! Aber Meckern ist zwecklos.

Anmerkungen zu den Spielregeln

Gerade diese Regeln müssen Sie auf Ihre Gegebenheit vor Ort abstimmen, um auf das Gewässer und die Boote einzugehen. Auch können Sie nach Lust und Laune Varianten der Rallye austragen:

- Die Schlauchboot-Rallye ist nichts für kleine Kinder. Sie könnten »unter die Räder« geraten.
- Sie brauchen viele Schlauchboote. Wahrscheinlich sind nicht alle Boote gleich gut einsetzbar. Testen Sie die Boote unbedingt vorher. Falls die Boote eine sehr unterschiedliche Renntauglichkeit haben, nehmen Sie das sehr viel bessere Boot bzw. das sehr viel schlechtere Boot schon im Vorfeld aus dem Rennen.
Wenn Sie unterschiedliche Boote haben, losen Sie aus, wer welches Boot bekommt.
- Sie können auch ganz andere Qualifikationsaufgaben oder Aufgaben am Zwischenstopp und am Ziel wählen. Gestalten Sie die Aufgaben aber so, dass es nicht für Erwachsene leichter ist als für Kinder und nicht für Männer leichter als für Frauen. Diese Aufgaben sollten im Gegenteil stärkere Paddler benachteiligen, um einen Ausgleich zu schaffen.
Testen Sie die Aufgaben vorher. Sie dürfen nicht länger dauern als das Paddeln selbst, aber auch nicht in zehn Sekunden überwunden werden. Achten Sie auf das Gleichgewicht zwischen dem Paddeln und den Aufgaben an Land.
Achten Sie darauf, dass die Rallye nicht zum Ausdauersport wird. Das könnte das Publikum langweilen.
- Je nach Gewässer müssen Sie die Paddelroute anpassen. Eventuell brauchen Sie mehrere Wendemarken.

- Das Verhältnis von Wassermenge und Strafrunden stimmen Sie ebenfalls auf die Gegebenheiten vor Ort ab. Je länger die Paddelstrecke und je mehr Wasserbomben im Spiel sind, um so mehr Wasser ist in den Booten. Je kürzer die Badewanne oder das Planschbecken ist, um so mehr Strafrunden sollten verteilt werden.
- Statt der Zahnputzbecher können Sie auch größere oder kleinere Schöpfbehälter austeilen. Das hat wieder Einfluss auf die Wassermenge in den Booten.
- Je nach der Art der Boote können Sie auch mehr Teammitglieder vorschreiben. Dann können Sie eine Zusammensetzung über mehrere Generationen und beide Geschlechter vorschreiben. Allerdings müssen Sie mit weniger Anmeldungen rechnen. Das Startgeld muss deshalb etwas erhöht werden.

Materialien und Aufgabenverteilung

Die Schlauchboot-Rallye ist wesentlich aufwändiger als die anderen Events. Sie brauchen mehr Materialien und wesentlich mehr Helfer. Die Aufgaben- und Materiallisten beschrieben natürlich nur genau diese Variante der Rallye. Um Ihre individuellen Listen für das Rahmenprogramm und die Bewirtung aufzustellen, gibt es viele Tipps in den Kapiteln über das Rahmenprogramm und die Nebeneinnahmen.

Für folgende Aufgaben müssen Sie jemanden einteilen:

- Sie brauchen mehrere Rettungsschwimmer. Lassen Sie die Rettungsschwimmer die Rallye-Route testen und absichern.
- Die Moderation, das Schiedsrichten und die Preisverleihung übernehmen eine oder zwei Personen. Der Moderator kann auch die Versteigerung veranstalten. Eine andere Person und damit ein Stimmenwechsel im Ohr kann der Aufmerksamkeit des Publikums aber gut tun.
- Pro startendem Schlauchboot brauchen Sie ein Messteam von zwei Personen. Die beiden messen das Wasser und überwachen den Schlusslauf in der Badewanne.
Der Schiedsrichter und die Messteams wählen auch das Team mit der besten Verkleidung und dem lustigsten Namen.
- An der Anmeldung sitzen eine oder zwei Personen. Sie kümmern sich um das Startgeld und die Organisation der Zeiten der

Qualifikationsrunde. Die beiden nehmen auch die Tipps für das Groschenglas an.

■ Am Jubelmaterialien-Verkaufs- und Verleihstand ist mindestens eine Person beschäftigt. Wenn Sie eine Werkstatt haben, um dort eigene Jubelmaterialien zu basteln, sind es mindestens drei Personen.

■ Ein Fotoreporter ist ein Muss bei der Rallye. Um nichts zu verpassen, sind zwei oder drei Fotografen natürlich besser. Dazu kommt noch jemand, der die Fotos zum Mitnehmen ausdruckt und verkauft.

■ Außerdem werden die Helfer gebraucht, die als Cheerleader, mit dem Vortrommeln, Bewirten und mit dem Rahmenprogramm zu tun haben.

Folgende Sachen brauchen Sie für die Schlauchboot-Rallye:

■ Die Rallye findet auf einem See oder Fluss statt. Dort sollte auch viel Platz rund um das Gewässer für das Event sein. Das Gelände muss einen Wasseranschluss haben.

■ Sie brauchen Schwimmwesten für alle Starter.

■ Organisieren Sie möglichst viele Schlauchboote. Je mehr Boote, desto besser ist es für Ihre Einnahmen. Acht sollten es im ersten Jahr mindestens sein. Später können es gern mehr werden.

■ Achten Sie auf möglichst professionelle Pumpen. Je weniger Körperkraft die Pumpen dem Team abverlangen, desto besser. Mit den Booten und den Planschbecken ist eine ganze Menge aufzupusten. Alle, die sonst professionell Autoreifen aufpumpen, können Ihnen weiterhelfen.

■ Sie müssen die Wegstrecke markieren. Wendemarken baut man am besten aus leeren Kanistern, die man an selbst gebastelte Anker bindet. Markieren Sie die Start- und Landezonen. Dazu nehmen Sie zum Beispiel lange Stangen und binden ein breites rotes Band zwischen die einzelnen Stangen.

■ Die Taucherflossen für die Starter müssen keine echten Flossen sein. Sie können auch provisorisch selbst welche basteln und vor dem Start an die Füße der Athleten anpassen. Hauptsache, sie zwingen zum Watschelgang.

■ Jede Mannschaft bekommt ein kleines Holzboot. Denken Sie daran, dass es identische Boote sind, damit jeder in der Schlussphase die gleichen Chancen zum Gewinnen hat.

- Am Versorgungsstand haben Sie sehr, sehr viele Wasserbomben auf Vorrat. Eventuell steht an der Zwischenstation noch ein zweiter Versorgungsstand.
- Jede Mannschaft bekommt zwei Zahnputzbecher.
- Die Qualifikation und die Schlussphase finden in Badewannen oder Planschbecken statt. In der Schlussphase können nur zwei Mannschaften gleichzeitig an einer Wanne pusten. Deshalb brauchen Sie halb so viele Wasserbecken mit identischer Rennstrecke, wie Boote am Start sind.
- Immer dort, wo Sie die Wassermengen in den Booten messen, brauchen Sie genügend Messbecher und sehr große Trichter.
- Für die erste Zwischenaufgabe bereiten Sie pro Mannschaft einen Faden, eine Schere, um die Fadenenden zu glätten, und drei Nähnadeln vor. Am besten fixieren Sie die Nadeln auf einem Stück Holz. Stecken Sie die Nadeln in einem Abstand von 20 bis 30 Zentimetern in das Holz. Das macht es auch für das Publikum beim Zuschauen interessanter.
- Für die zweite Aufgabe bauen Sie mehrere Tunnel gleicher Länge. Drei sollten es mindestens sein. Je mehr Starter Sie haben, um so mehr Tunnel sind notwendig. Für die Tunnel biegen Sie Weiden oder stabilen Draht zu Bögen und stecken die Enden in den Boden. Werfen Sie Stoff über die Bögen und fixieren ihn.
- Denken Sie an Sitzgelegenheiten und Plätze, an denen gegessen werden kann, für das Publikum.
- Sie brauchen eine Stoppuhr für die Qualifikation. Wenn es geht, sollte es eine große, für das Publikum sichtbare Stoppuhr sein.
- Der Moderator muss sich auf dem ganzen Gelände Gehör verschaffen. Da hilft eine Mikrofonanlage.
- Als Start- und Zielsignal nehmen Sie eine Hupe, eine große Klingel oder eine Trillerpfeife.
- Malen Sie ein großes Plakat mit den Regeln der Rallye.
- Auf einer Tafel zeigen Sie dem Publikum den Stand der Qualifikation an. Sie können dort später im Finale auch die Wasserstände aus der Zwischenmessung eintragen.
- Für die Tipps des Groschenglases nehmen Sie ein großes Glas oder eine Flasche. Auf eine zweite Tafel schreiben Sie die Regeln und die abgegebenen Tipps der Mitspieler.

- Ein Tisch, zwei Stühle, Anmeldezettel für die Mannschaften mit Mannschaftsnamen und Qualifikationszeit, eine Kasse mit Wechselgeld und ein Zeitplan, auf dem die Qualifikationen eingetragen werden, stehen an der Anmeldung bereit.
- Die Messteams und der Schiedsrichter haben klare Erkennungsmerkmale. Schaffen Sie ein lustiges Outfit, z. B. gelbe Overalls, rote T-Shirts und blaue Baseballkappen.
- Sie müssen Jubelmaterialien zum Verkaufen und Verleihen und/oder Materialien zum Basteln vorbereiten.
- Im ersten Jahr bringt eine Kostümkiste den Streit um die beste B-Note in Schwung. Hier holen sich die Mannschaften Inspirationen für den Mannschaftsnamen und leihen sich Requisiten aus.
- Für die Versteigerung hat der Auktionator ein Pult und einen Hammer, um die Sammlerstücke meistbietend zu versteigern.
- Denken Sie an die Preise für die Sieger, die Zweit- und Drittplatzierten. Außerdem gibt es einen Preis für die Mannschaft mit der besten B-Note und dem schönsten Mannschaftsnamen mit der passendsten Verkleidung.

Wenn die Gewinne nicht gleich überreicht werden können, basteln Sie einen riesigen Gutschein dafür.

Die Sieger haben sich auch eine Urkunde und/oder einen Pokal verdient. Sie haben die passenden Werkzeuge und Stifte da, um den Namen der Mannschaft einzutragen.

Auch der beste Groschenglas-Tipper bekommt einen begehrenswerten Gewinn.

- Auf jeden Fall brauchen Sie einen Stand, an dem über die Verwendung der Einnahmen informiert wird.
- Selbst wenn Sie die Fotos nicht als Andenken verkaufen, ist es wichtig, mindestens einen Fotoapparat, ausreichend Filme oder Speicherplatz und Requisiten für das spezielle Siegerfoto zu haben. Als Requisiten können Sie eine Krone, einen Kranz oder eine Schärpe nehmen. Das Foto, das so entsteht, hängen Sie in die Siegergalerie im Kindergarten und beim Sponsor auf. Die Fotos helfen Ihnen bei der Pressearbeit in diesem und im nächsten Jahr.

Variationen: Seifenkisten-Rennen, Bobby-Car-Rennen
Wenn Sie keinen See oder Baggerteich in der Nähe haben, haben Sie

vielleicht einen Berg vor der Haustür. Dann bieten sich zwei Rennen zu Lande mit fahrbaren Untersätzen an. Das erste ist ein wahrer Klassiker: das Seifenkisten-Rennen. Eine Seifenkiste ist eine selbstgebastelte, rollbare Kiste, in der eine oder mehrere Personen Platz haben. Sie hat eine Lenkung, aber keinen eigenen Antrieb. Einzig das Gefälle des Geländes beschleunigt die Seifenkiste.

Eine solche Meisterschaft ist nicht nur ein Fahrerwettstreit, sondern auch eine Konstrukteurmeisterschaft.

Der Bau einer Seifenkiste ist so komplex, dass das Fahrzeug nicht am Tag des Events selbst gebaut werden kann. Im Idealfall ist die Tüftelei an den Kisten schon Wochen vor dem Start das Thema im Kindergarten und vor allem in der Familie der Rennfahrer.

Seifenkisten-Rennen sind - je nach Berg - nicht ungefährlich. Treffen Sie alle Sicherheitsvorkehrungen, die möglich sind. Polstern Sie die Kurven mit Strohballen und führen Sie unbedingte Helmpflicht ein. Sanitäter und Erste-Hilfe-Koffer sind auch sehr empfehlenswert. Da das Gewicht der Fahrer und der Seifenkisten über die Geschwindigkeit entscheidet, sollten Sie verschiedene Rennen in verschiedenen Gewichtsklassen einplanen.

Erfahrungsgemäß ist eine Seifenkiste eine »Vater-Sohn-Aktion«. Bei dem Event müssen Sie darauf achten, dass das Programm für die ganze Familie interessant ist, also auch für Mütter und Großeltern.

Beim Bobby-Car-Rennen ist der Anteil der Konstrukteurleistung am Rennergebnis kleiner. Entweder starten die Fahrer mit unveränderten Bobby-Cars oder es darf nur unter Auflagen am Bobby-Car gewerkelt werden.

Auch hier sollte man die Sicherheit der Fahrer sehr ernst nehmen. Helme, Knieschutz, Strohballen, Sanitäter und Erste-Hilfe-Versorgung sind unbedingt notwendig.

Auch wenn die Rennen meist turbulent und spaßig sind, müssen Sie an das Risiko für Ihre Gäste und Ihr Image denken. Wenn Sie Pech haben, wird Ihr Kindergarten später nicht mit einem schönen Sommertag in Verbindung gebracht, sondern mit einem Beinbruch. Testen Sie also unbedingt vorher, mit welchen Geschwindigkeiten Sie es bei dem Gefälle auf der Rennstrecke zu tun haben.

Mit einigen spaßigen und doch irgendwo hinterhältigen Schikanen können Sie auch den Bierernst aus dieser Meisterschaft nehmen. Ein Zwischenstopp – zum Beispiel zum Pfannkuchenwenden – wirkt da oft Wunder.

2.3. Beispiel Meisterschaften
fantast-o-mobile Oldtimer-Schau

Idee

Schon Pippi Langstrumpf hat auf einer bunten alten Rostlaube, die schon lange nicht mehr fahren konnte, die tollsten Abenteuer erlebt. Da war auch noch irgendein zäher, klebriger Kraftstoff im Spiel und schon konnte sie mit ihrem fantast-o-mobilen Auto abheben und fliegen. Lassen Sie Kinder und Erwachsene ihre Fantasie ausleben und sich selbst so ein Gefährt bauen.

Ein Oldtimer-Team bekommt bei der Anmeldung 200 Fantast-Os ausgezahlt. Mit diesen Fantast-Os können die Teams Baumaterialien »einkaufen«. In diesem speziellen Laden gibt es riesige Kartons, Farben, Hölzer, Stoffe, Autoteile, Schwimmreifen, Papprollen, Schaumstoffklötze, Papiere, Kleber, Paddel, Scharniere, Werkzeug zum Ausleihen und was das fantast-o-mobile Konstrukteurherz sonst noch begehrt.

Am Ende des Tages bekommen die schönsten fantast-o-mobilen Oldtimer einen Preis.

Ablauf

»Ich möchte noch unbedingt die Gummi-Ente als Kühlerfigur.«

»Aber sieh doch, die kostet 35 Fantast-Os. Dann können wir uns den Scheinwerfer gar nicht mehr leisten. Können wir nicht auch aus der Dose und dem Ball eine Kühlerfigur basteln? Und die Federn dazu kosten nur einen Fantast-O.«

»Dann brauchen wir aber wenigstens das alte Paddel als Propeller. Unsere Kiste soll doch auch fliegen.«

»Okay. Also ich geh los und kauf jetzt den Scheinwerfer, das Paddel, die Dose mit Ball und die Feder.«

»Bring auf alle Fälle noch Kleber und Rot mit!«

»Hallo Sonja, hast du schon die »fantastischen Selbstbau-Sandwiches« probiert? Die sind wirklich lecker. Die gibt´s da hinten. Da gehst du zu dem netten Mann mit der zu großen Kochmütze und sagst, was du alles gestapelt haben möchtest. Also ich hab gerade Salat, Marmelade und Käse. Mit den Soßen bin ich noch gar nicht durch. Die blaue Soße ist auf jeden Fall sehr gut. Die rosa Soße war nicht so mein Fall.«

»Auf jeden Fall brauchen wir erst mal die drei riesigen Kartons als Karosserie!«

»Können wir nicht auch die Holzpalette nehmen und dann mit den Kanistern weiter machen?«

»Was kostet denn der Karton da hinten? Nein, der andere. 15? Das ist zu viel. Gibt´s auch noch billigere?«

»Holzpalette mit den Kanistern ist auf jeden Fall billiger. Und dann kann man später doch noch…«

»Lasst uns doch erst mal anfangen.«

»Hast Du den Hammer gesehen. Ah, danke. Ich will das noch mit dem Stoff bespannen. Ich mag Streifen.« »Die Nägel reichen noch. Ja, mit den Klammern kann man das auch einfach unterklemmen, da hast du recht.«

»Hallo Frau Lehmann! … Nein, ich muss noch unbedingt zu Stand 17. Ich will doch wissen, wie die Geschichte weitergeht. … Haben Sie noch gar nicht? Also da gibt es bei jedem Stand einen Teil einer Geschichte. Erst dachte ich, was soll denn das, aber dann. Beim Stand 16 war so eine komische Maschine. Da drückte man einen Hebel, alles mögliche fing an sich zu drehen. Ein Fahrradreifen, eine Windmühle und so und ganz zum Schluss hat sie einen kleinen Zettel ausgespuckt mit der Fortsetzung der Geschichte. … nein, nicht alle. Manchmal war auch nur eine Schautafel zum Aufklappen oder eine Schublade, die man öffnen musste. Einige der Maschinen funktionierten auch nur mit versteckter menschlicher Hilfe. Das hat man schon gemerkt. … Ja, natürlich, schlendern wir gemeinsam zur 17. … Weiß ich nicht. Ich hab sie noch gar nicht gefunden.«

»Und was sollen wir da jetzt machen?«

»Also erst einmal sagt Ihr mir, wie Euer Fantast-O-Team heißt. Dann trage ich Euch hier ein und Ihr zahlt das Startgeld. Dafür bekommt Ihr dann 200 Fantast-Os von mir und einen Bauplatz. Der 26. ist noch frei. Der ist gleich da hinten. Hinter dem blauen Fantast-O-Mobil. Für die Fantast-Os könnt Ihr da drüben bei Claudia alles kaufen, was Ihr zum Bauen braucht. Das Werkzeug gibt's umsonst. Ihr habt noch zwei Stunden Zeit. Bis halb vier.«

»Ins Ohr geflüstert? Tatsächlich? Bei der 19. Da war ich noch gar nicht. Jetzt haben Sie mich in meiner Cocktail-Pause doch glatt überholt, Frau Lehmann. ... Ja, konnte man sich selbst basteln. Ich hab aber den Fantast-O-Drink No. 5 genommen. Sehr lecker. ... Nein, gar nicht. Alles nur Säfte. Wo haben Sie die 19 gefunden?«

»Nein, den habe ich nicht gesehen. Ich glaub, der macht gerade den Roboter bei der Nummer 8.«

»Der kann fliegen, na klar. Und der Rettungsring ist dazu da, falls wir mal notwassern müssen. ... Ja, das kann schon mal passieren, wenn man einen Hering an Bord hat. ... In dem Eimer. Das ist sein Zuhause. Die Silberfarbe ist gut zum Auftanken. ... Ja, tankt nur Sonne – oder Kleister, das geht auch. ... Für vier Personen und einen Hering. Dahinten gibt es noch eine Liege. Für Marco. Der will nicht rausgucken, das ist ihm zu schwindelig. ... Mein Platz? Auf dem Ausguck. Und für die Fahne bin ich auch zuständig. ... Nein, die Räder haben wir vergessen. Wir haben uns dann für Kettenantrieb entschieden.«

»Ist das nicht der Bodowicz? Der ist auch hier! Was baut der denn da? ... Ach, versteigert? Das ist ja interessant. Einen echten Bodowicz. Wär´ ich sonst nicht auf die Idee gekommen... Interessant, ja! Ich war auch noch auf keiner Kunstauktion.«

»Wir haben nur noch eine Hupe und Marco war zuerst da. ... Nein, aber in 15 Minuten fängt der Schlussverkauf an. Da gibt es alles zum halben Preis ... Nein, man kann sich nichts reservieren für den Schlussverkauf.«

»Die haben noch was vorbereitet. Die spielen noch was vor. Ganz komische Instrumente. Selbstgebaut. Klingt ganz witzig. ... Nachher beim Grillabend. Haben Sie schon die Antipasti gesehen? Ich war vorhin in der Küche. Roch sehr lecker. ... Nein, durfte ich noch nicht. ... Klar bleibe ich heute abend noch. Hatte ich auch nicht gedacht, aber wir hatten eigentlich gar nichts vor. Und Patricia ist noch voll im Gange. Ja, machen Sie das. Sagen Sie Patricia »Hallo". Sie und ihre Freundinnen haben den Bauplatz 11. ... Irgendein rotes Ungetüm mit Zähnen statt Kühler. ... Ihr gefällt´s. Und sagen Sie ihr, wenn Sie was essen will, ich sitz´ hier hinten.«

Vorschläge für das Rahmenprogramm

Die fantast-O-mobile Oldtimer-Schau erreicht nicht so viele Menschen wie die turbulenteren Events. Es gibt auch nicht so viele direkte Einnahmen. Die Erlebnisse, die Sie schaffen, sind aber sehr einprägend. Um starke Beziehungen zum Kindergarten aufzubauen, ist ein ruhigeres Event sehr gut geeignet.

Um den Nicht-Oldtimer-Bauern länger als nur zum Essen und Trinken etwas zu tun zu geben, brauchen Sie ein Thema, das sich über den ganzen Tag hinzieht. Eine Fortsetzungsgeschichte, die man an verschiedenen Ständen für sich selbst entdeckt, kann jeder in seinem eigenen Tempo erkunden und Pausen einlegen, wenn er möchte. Die Stände und die Geschichte können das Thema Fantasie und verrückte selbstgebaute Maschinen aufgreifen. Jeder Stand gibt ein kleines Rätsel auf. Mal muss man einen merkwürdigen Hebel betätigen, damit sich alles bewegt und eine Fortsetzung herausgegeben wird, mal ist es ein sympathischer Roboter, mal einfach eine alte Schublade, in der ein Requisit der Geschichte liegt, und ein Brief, der einen neuen Aspekt preisgibt. Geben Sie Ihren Gästen etwas zum Schlendern und Wandeln.

Wenn Sie das Gefühl haben, dass die Gäste ihre Fantasie selbst ein wenig austoben lassen möchten, können Sie auch eine Geschichtenwerkstatt einrichten. Man bekommt eine kleine offene Szene, deren Faden man weiterspinnt. Vielleicht spinnen alle an einem Faden und die Geschichte wächst im Laufe des Tages immer weiter, festgehalten an einer Wand. Die Ergebnisse sollten Sie auf jeden Fall dokumentieren und sammeln. Daraus kann ein kleines Buch oder ein Kalender für die Weihnachtsaktion werden.

Wenn Sie mutig sind, eröffnen Sie ein Reisebüro für Fantasiereisen. Passen Sie aber auf, dass Sie nicht zu psychoanalytisch oder zu kitschig werden. Nicht jeder mag so etwas. Sie kennen Ihre Zielgruppe und wissen, ob sie davon eher abgeschreckt oder angelockt wird.

Beim Essen sollten Sie auf Selbstgebasteltes zurückgreifen. Sie können Crêpes-Bausätze anbieten. Ob Broccoli, Mandel mit Knoblauch oder Schokocreme mit Himbeermus entscheidet der Gast selbst. Sie bieten so nicht nur Süßes zum Nachmittag, sondern auch Deftiges zum Mittagessen. Waffeln und Sandwiches lassen sich ebenfalls gut selbst zusammensetzen, wenn Sie die Bausätze parat haben. Bei Saftcocktails funktioniert dieses System auch mit Getränken. Dafür sollten Sie einige Vorschläge machen. Die Erbauer der Fantast-O-Mobile sind mit Bauen beschäftigt. Wenn alles gut geht, sind sie so gefesselt, dass sie nicht zum Essen kommen. Ein Bauchladen bringt Essen und Getränke zu den Konstrukteuren.

Erinnerungsfotos sind ein wichtiges Element Ihres Merchandisings. An Momente, in denen man die Kraft der eigenen Fantasie gefühlt hat, erinnert man sich gern. Schicken Sie Fotografen herum, um Mannschaften mit stolzgeschwellter Brust vor ihren Fantast-O-Mobilen zu fotografieren.

Außerdem verkaufen Sie kleine Bausätze, zum Beispiel aus sechs Legosteinen, einem Zahnrad, zwei Steinen, einer Schnecke und drei Federn. Bücher über Schreibwerkstätten, fantasievolle Kinderbücher und Oldtimer können Sie ebenfalls anbieten.

Eine Versteigerung bietet den Erwachsenen wieder Unterhaltung und Spannung. Sie bekommen eine zusätzliche Einnahmequelle. Wieder gilt es, Sammlerstücke von Prominenten zu ergattern. Oder Sie überreden einen Künstler zum »Live-Künstlern«. Das Kunstwerk, das so entsteht, wird anschließend auf dem Event versteigert.

Ein Basar ist für die Nicht-Mobil-Bauer ein weiterer Programmpunkt, den man ansteuern kann. Hier können Sie Kunstwerke und Fantasiemaschinen verkaufen, die die Kinder in den letzten Wochen geschaffen haben.

Für das Abendprogramm sollten Sie sich ebenfalls ein ruhigeres Programm überlegen, damit kein Bruch im Ablauf des Tages entsteht.

Akrobaten, Jongleure, Illusionskünstler oder ruhigere Musik – am besten selbstgemacht – sorgen für einen stimmungsvollen Ausklang. Vielleicht tragen Sie das Ergebnis der Geschichtenwerkstatt vor. Oder es gibt eine Autorenlesung.

Wenn ein Event nicht so viele direkte Einnahmen hat, wie die fantast-o-mobile Oldtimer-Schau, können Sie am Ausgang auch um Spenden bitten. Stellen Sie nach der Ankommensphase der Gäste ein Schild am Ausgang auf, das fragt, ob die Besucher einen schönen Tag hatten. Befestigen Sie darunter einen schweren, deutlich für Geld bestimmten Behälter. Leeren Sie den Behälter regelmäßig. Wenn es Phasen gibt, in denen viele Gäste gleichzeitig gehen, können Sie persönlich in der Nähe stehen und sich verabschieden. Bitte schütteln Sie auf keinen Fall mit der Sammelbüchse.

Spielregeln

☛ Ein Fantast-O-Team besteht aus beliebig vielen Menschen.

☛ Das Team, das bis x Uhr das schönste Fantast-O-Mobil gebaut hat, gewinnt.

☛ Teams können sich bis zum xten yten um z Uhr zur fantast-o-mobilen Oldtimer-Schau anmelden. Das Team zahlt das Startgeld in Höhe von x Euro und gibt das Alter der Konstrukteure an.

Eine frühe Anmeldung lohnt sich: Wer sich früher anmeldet, hat mehr Zeit zu bauen und eine größere Auswahl an Materialien.

☛ Jedes Team bekommt bei der Anmeldung eine Grundausstattung von Werkzeug ausgeliehen, einen Bauplatz zugewiesen und 200 Fantast-Os ausgezahlt. Mit Fantast-Os kann man im Materialladen alle Werkstoffe einkaufen, die das fantast-o-mobile Konstrukteurherz begehrt.

☛ Um x Uhr beginnt die Jury mit der Begehung und der Befragung der Konstrukteure.

☛ Die Jury vergibt Punkte für den Bau des Fantast-O-Mobils und für die Geschichte, die dazu erzählt wird.

☛ Wer zur Zeit der Begehung nicht an seinem Bauplatz steht, bekommt Punktabzug.

☛ Es gibt Wertungen in verschiedenen Altersklassen. Dabei zählt das Durchschnittsalter der Konstrukteure.

☛ Der Rechtsweg ist ausgeschlossen. Beschweren können Sie sich bei der Jury! Aber Meckern ist zwecklos.

Anmerkungen zu den Spielregeln

Die fantast-o-mobile Oldtimer-Schau steht und fällt mit den Materialen, die Sie den Konstrukteuren anbieten. In die Suche und Beschaffung der Materialien müssen Sie viel Zeit investieren.

Achten Sie darauf, dass es ausreichend große Bauteile gibt, um die Karosserie aufzubauen. Das können zum Beispiel große Kartons oder Holzpaletten sein.

Die Fahrzeuge sollten nicht alle grau-braun wirken. Deshalb sollten Sie den Erbauern Farben, Rollenpapier und Stoffe anbieten.

Einige Teile im Materialladen sollten offensichtlich für Autos bestimmt sein, wie Lenkräder, Radkappen, Nummernschilder oder Hupen.

Andere Materialien sollten aus scheinbar völlig unpassenden Zusammenhängen stammen, zum Beispiel Schwimmringe, Paddel,

Leitern, Eimer, Musikinstrumente, Stühle oder Blumentöpfe. Wenn Sie möchten, können Sie Hilfskonstrukteure oder »Sicherheitsberater« herumschicken, die den Fantast-O-Teams zu Seite stehen.

Natürlich können Sie eine kleinteiligere oder eine großteiligere Währung ins Leben rufen. Achten Sie darauf, dass die Preise der Materialien zu der Menge an Fantast-Os passt, die die Teams bekommen. Die normalen Grundbaustoffe sollten für alle in ausreichender Menge da sein. Es geht bei der Währung nur darum, den »Run« auf die Baumaterialien zu regeln, nicht um ein Simulationsspiel von Marktwirtschaft.

Bei größeren Kindern können Sie den Handel mit Fantast-Os und Materialen untereinander fördern, zum Beispiel mit einer Tauschbörse. Rechnen Sie damit, dass Sie dann einen Schlichter brauchen.

Die Jury sollte aus drei oder fünf Leuten bestehen, die nicht alle aus dem Kindergarten kommen. Der Ruf und Stellenwert des Events kann mit einer hochkarätigen Jury verbessert werden.

Bereiten Sie in der Jury ungefähr die Fragen vor, die Sie den Fantast-O-Teams bei der Begehung stellen wollen. Entwerfen Sie ein Bewertungsschema für die Punkte, die Sie vergeben wollen.

Materialien und Aufgabenverteilung

Die fantast-o-mobile Oldtimer-Schau ist sehr frei im Ablauf. Es hängt sehr stark vom Rahmenprogramm ab, wie viele Leute Sie brauchen, um das Event zu verwirklichen. Ich beschreibe in den Aufgaben- und Materiallisten wieder nur die Grundvariante des Spiels. Mit den Hilfen aus den Kapiteln über das Rahmenprogramm und die Nebeneinnahmen ergänzen Sie bitte alles, was Sie für das Essen, Trinken und die Unterhaltung der Gäste sonst noch benötigen.

Für folgende Aufgaben müssen Sie jemanden einteilen:

- Diesmal brauchen Sie nur bei der Versteigerung und in der Schlussphase bei der Preisverleihung eine Moderation. Dafür reicht eine Person.
- Es sollte einen Empfang mit Anmeldung geben, der etwas vor dem Bautrubel gelagert ist. Dort werden Auskünfte gegeben, die Regeln erklärt, die Startgelder kassiert, Bauplätze zugewiesen, die Fantast-Os und die Werkzeuge ausgegeben. Dort sitzen zwei Helfer.

- Im Materialladen brauchen Sie mindestens zwei Verkäufer. Drei oder vier wären besser. Wenn der Laden mit vier Personen besetzt ist, können die Verkäufer auch noch die Aufgabe der Hilfskonstrukteure und Sicherheitsberater übernehmen.
- Fünf Leute sollten Sie für die Jury engagieren. Sorgen Sie für eine möglichst bunte und hochkarätige Zusammensetzung der Jury.
- Ein Fotoreporter und eine Person am Computer regeln den Verkauf der Andenkenfotos. Zwei Fotografen sind besser.
- Wie viele Personen Sie für die Fortsetzungsgeschichte brauchen, hängt von der Gestaltung der Stände ab.
- In der Geschichtenwerkstatt ist mindestens eine Person als Werkstattmeister tätig. Vielleicht gelingt es Ihnen, einen Schriftsteller für diesen Posten zu gewinnen.
- An den Essen- und Basarständen und für das restliche Rahmenprogramm brauchen Sie weitere Freiwillige. Denken Sie auch an den Helfer, der mit dem Bauchladen auf dem Gelände herumgeht.

Folgende Sachen brauchen Sie für die fantast-o-mobile Oldtimer-Schau:

- Sie können die fantast-o-mobile Oldtimer-Schau auf einem großen Außengelände veranstalten, das genug Platz zum Schlendern zwischen dem Raum für die Bauplätze bietet.
- Es ist gut, wenn Sie die Bauplätze optisch begrenzen. Entweder Sie leihen sich ein Rasen-Markierungs-Gerät vom Fußballverein oder Sie nehmen Stangen und Bänder, um die Bauplätze voneinander abzugrenzen.
Für die bessere Orientierung nummerieren Sie die Bauplätze. Stellen Sie ein Pappschild mit der jeweiligen Nummer in eine Ecke des Bauplatzes.
- An der Anmeldung brauchen Sie einen Tisch, zwei Stühle, Anmeldezettel, einen Plan mit den Bauplätzen, ein großes Plakat mit den Regeln, eine Kasse mit Wechselgeld, Standard-Werkzeug-Sets, und alle Fantast-Os, die Sie in Umlauf bringen möchten.
- Der Materialladen ist ebenfalls von Bändern eingekreist. Sie nehmen einen Tisch als Ladentheke und eine Kassette als Kasse

für die Fantast-Os mit Wechselgeld. Für Stühle sind die Verkäufer in den Ansturmpausen dankbar.

■ Das Wichtigste sind die Baumaterialien. Besorgen Sie nach Lust und Laune sehr viele große Kartons, Holzpaletten, Farben, Rollenpapier, Stoffe, Lenkräder, Radkappen, Nummernschilder, Hupen, Schwimmringe, Paddel, Leitern, Eimer, Musikinstrumente, Stühle, Blumentöpfe oder was Ihnen und dem Team noch einfällt.

■ Errichten Sie ein kleines Café für die Nicht-Bauer.

■ Eine Mikrofonanlage für den Moderator kann hilfreich sein. Die fantast-o-mobile Oldtimer-Schau ist ein ruhiges Fest. Vermeiden Sie zu laute Mikrofondurchsagen.

■ Für die Versteigerung brauchen Sie ein Pult und einen kleinen Hammer und etwas zum Versteigern.

■ Was Sie für die Fortsetzungsgeschichte und die Geschichtenwerkstatt benötigen, liegt ganz in Ihren Händen und hängt von der Idee ab, die Sie Ihren Gästen – oder mit Ihren Gästen – erzählen möchten.

■ Lassen Sie möglichst jeden Teilnehmer etwas gewinnen. Sie können die Teilnehmer auf den ersten drei Plätzen in jeder Altersgruppe mit fantasievollen Hauptgewinnen nach Hause schicken. Alle anderen bekommen dann einen Trostpreis. Wenn Sie die Preise nicht gleich überreichen können, basteln Sie überdimensionale Gutscheine für die Sieger. Bei Urkunden und Pokalen müssen Sie wieder an Werkzeuge und Stifte denken, um die stolzen Siegernamen darauf zu verewigen.

■ Auf gar keinen Fall sollten Sie den Stand vergessen, an dem über die Verwendung der Einnahmen informiert wird.

■ Ihr Fototeam sollten Sie mit einem oder zwei Fotoapparaten, genügend Filmen und eventuell mit einem Computer inklusive Drucker ausstatten. Denken Sie an die Accessoires für die Siegerehrung. Wählen Sie am besten einen goldenen Kranz, wie Sie früher bei Autorennen verteilt wurden. Je nach Geschmack können Sie das Foto auf »Antik« trimmen oder nicht. Anschließend nehmen Sie es in die Siegergalerie im Kindergarten und beim Sponsor auf. Die Fotos sind auch für die Pressearbeit zum Event in diesem und im nächsten Jahr hilfreich.

Variationen: Sandburgen-Promenade, Schneeskulpturen-Park

Weitere klassische Kinderspiele haben Menschen zu Festen und Ereignissen angeregt. So gibt es eine internationale Sandburgen-Szene, Schneemänner haben schon viele Leute zu wahren Skulpturen inspiriert.

Bei internationalen Wettbewerben in den USA, an der niederländischen Nordsee oder am Bodensee werden Sandburgen gebaut, die eine Höhe von drei Metern und mehr erreichen und mehrere Monate Wind und Wetter trotzen. Um diese Stabilität zu erreichen, wird Sand in Holzumschalungen aufgeschichtet, gewässert und teilweise verdichtet. Eine Bauzeit von mehreren Tagen geht dann einer Besichtigungsphase von vielen Wochen voraus. Die Motive beschränken sich auch nicht einfach auf Burgen. Alle Arten von Skulpturen sind möglich.

Diese Veranstaltungen locken Tausende von Besuchern an. Viele Bauteams haben selbst teure Sponsorenverträge.

Doch es muss nicht einmal ein Strand sein, an dem das Event stattfindet. Teilweise wird der Sand künstlich auf eine Rasenfläche aufgeschüttet.

Wenn Sie eine Sandburgen-Promenade organisieren, kommen Sie natürlich ohne meterhohe Holzverschalung und Sandverdichtung aus. Sie können auch die Motive auf Burgen und Schlösser beschränken.

Die Themen für das Rahmenprogramm liegen natürlich auf der Hand. Sie können den Tag rund um das Rittertum gestalten und abends eine Gespensterparty inmitten von Sandburgen feiern.

Schneeskulpturen-Parks können Sie nur in Gegenden mit Schneegarantie auf die Beine stellen. Sie können die Schneeskulpturen-Parks auch prinzipiell vorbereiten und mit dem Termin spontan auf die Wetterlage reagieren. Sie werden so aber nur einen engen Besucherkreis innerhalb von kurzer Zeit erreichen.

Sie können Themen- und Werkzeugwahl vorgeben oder eine offene Meisterschaft ausschreiben, für die Bewirtung ein Iglu oder einen Schneetresen bauen und eine Wintergeschichte in den Mittelpunkt des Rahmenprogramms stellen.

3. Tombolas

Bei einer Tombola oder Lotterie geht es darum, Preise auf der einen Seite und Gewinner auf der anderen durch Zufall einander zuzuordnen.

Wir alle kennen die Kugeln von der Ziehung der Lottozahlen und die Lostrommeln, aus denen Glücksfeen die Namen glücklicher Gewinner ziehen. Wenn es bei diesen Aktionen nicht um Millionen von Euros, um Autos oder Häuser ginge, würde sich das wohl keiner ansehen, ohne von einem Schub an Langeweile angefallen zu werden.

Sie können bei Ihren Aktionen wahrscheinlich nicht mit Millionen als Hauptgewinn winken. Deshalb müssen Sie sich eine wesentlich attraktivere Verpackung für die Lostrommel, die Lose und die Glücksfeen ausdenken.

Bitte bedenken Sie, dass es bei Tombolas und Lotterien um Gewinne geht. Die Regeln sind hier sehr eng auszulegen, um die Zuschauer nicht zu verärgern. Außerdem sollten Sie selbst auf den Kauf von Losen verzichten, eventuell auch Ihre nächsten Angehörigen. Stellen Sie sich vor, wie ein Zuschauer darauf reagiert, wenn Sie als Hauptpreis eine Reise an die Nordsee verlosen und den Preis als Veranstalter selbst gewinnen. Das schafft böses Blut.

Es gibt verschiedene Arten, damit die Preise und die Gewinner zusammen finden:

Namen-Lose

Ein Teilnehmer an einer Lotterie erwirbt ein Los und trägt seinen Namen auf dem Abschnitt des Loses ein. Bei der Ziehung kommen alle Namen der Teilnehmer in eine Lostrommel. Die Namen werden gezogen, Preisen zugeordnet und bekannt gegeben.

Die Methode hat den Vorteil, dass keine Unklarheiten darüber entstehen, wer gewonnen hat. Der Sieger kann gleich anfangen, sich über den Gewinn zu freuen. Schummeln im Nachhinein kann es nicht geben.

Der Nachteil ist, dass jeder sieht, wer was gewinnt. Das ist zumindest bei großen Bargeldmengen oft nicht im Interesse der Gewinner.

Die klassische Tombola

Bei einer Tombola können die Gewinner die Preise vorher besichtigen. Jedem Preis ist schon vor Beginn der Veranstaltung eine Losnummer zugeordnet. Wenn der Teilnehmer ein Los kauft, zieht er entweder eine Niete oder eine Zahl. Wenn er eine Zahl zieht, kann er sich bei der Ausstellung der Preise ansehen, was er gewonnen hat. Die Preise können dann zu einer bestimmten Uhrzeit nach dem Losverkauf abgeholt werden. Die Aktivität des Teilnehmers besteht einzig und allein in dem Kauf der Lose.

Endnummern und Gewinnklassen

Bei dieser Methode haben alle Lose eine lange Nummer. Nun werden Zahlen von null bis neun gezogen. Die erste Zahl bestimmt die Endnummer, d.h. die letzte Zahl der Losnummer. Wenn die Zahl übereinstimmt, hat das Los die erste Gewinnstufe erreicht. Anschließend wird die Zahl zurückgelegt. Es wird neu gemischt und eine neue Zahl gezogen. Sie ist die zweitletzte Zahl. Stimmt auch die mit der Losnummer überein, erreicht das Los die zweite Gewinnstufe. Das wird dann bis zum Hauptgewinn wiederholt, bei dem jede Ziffer übereinstimmt.

Dieses Verfahren bietet sich vor allem dann an, wenn Sie viele gleichartige Preise haben, die Sie verschiedenen Gewinnklassen zuordnen können.

Die Ziehung hat einen Spannungsbogen, den Sie mit etwas Fantasie über einen ganzen Abend strecken können.

Preise werden Losnummern zugeordnet

Sie ordnen die Preise der Reihe nach. Sie haben einen 1. Preis, einen 2. und zum Beispiel alle bis zum 111. Preis. Jedes Los ist mit einer Losnummer versehen und zweigeteilt. Ein Teil verbleibt beim Teilnehmer, der andere ist in der Lostrommel vertreten. Das erste Los, das Sie aus der Lostrommel ziehen, wird nun einem Platz zu geordnet.

Entweder fangen Sie mit dem 111. Platz an. Das steigert die Aufmerksamkeit der Zuschauer. Oder Sie fangen mit dem ersten Preis an und ziehen dann alle folgenden bis zum 111. Preis. Anschließend können die Gewinner die Preise bei Ihnen gegen den Belegabschnitt des Loses eintauschen.

3.1 Rechtliche Hinweise

Tombolas und Lotterien können Sie nicht unbeschränkt durchführen. Sie müssen sie genehmigen lassen und steuerrechtliche Gegebenheiten beachten. Bitte lesen Sie dazu noch einmal im Kapitel »Recht« nach.

3.2. Beispiel Tombolas: Gummientenrennen

Idee
Gummientenrennen sind in den USA schon fast eine Tradition.
Gummienten haben spätestens seit Ernie aus der Sesamstraße einen unwiderstehlichen Charme. Sie sind einfach sehr sympathisch. Das macht sie so unbezahlbar für Fundraising-Events.
Tausende von Gummienten werden gleichzeitig in einen Fluss geworfen und schwimmen um die Wette. Der ganze Fluss ist gelb-orange und lächelt einen an. Das ist ein Anblick, der fast jeden Menschen zum Zurücklächeln bringt.
Für 5 $ kann in den USA jeder Pate einer Gummiente werden. Wessen Patenente am schnellsten ist, der kann allerlei Preise gewinnen, bis hin zu 1.000.000 $ in bar.
Bei dieser Lotterie sind die Gummienten die Lose und haben Nummern. Die Lostrommel ist ein Bach oder ein anderes Gewässer.

Ablauf
Neustädter Bote, Montag, 19. August 2002
__Innenstadt im Gummienten-Rennfieber__
Beim Gummientenrennen tragen alle das gelbe Trikot –
Besucherrekord um Bürzellänge geschlagen

Neustadt – Sonnenschein und Schnabeltiere: Knapp 900 Enten gehen dieses Jahr an den Start auf dem Erlbach. Mehr als 3000 Besucher säumen die Rennstrecke. Das Gummientenrennen, das zum 7. Mal vom Kindergarten Pinoccio veranstaltet wird, bricht damit am Wochenende den Vorjahresrekord.

Kurz vor 11 Uhr am Erlbach an der Schillerstraße warten Hunderte von hochtrainierten Gummienten auf den Start. Die Starter sind nervös, die Spannung steigt. Kurz nach 11 Uhr heben die Helfer in Anglerstiefeln die Barrikade im Wasser und der Start erfolgt. Wenig später driftet der blau-rot gestreifte Favorit in einen Strudel und fällt zurück, ein Modell im klassischen Quietschgelb schwimmt souverän vorbei. Am Zieleinlauf an der Schustergasse liegt die Startnummer 376 klar vorne. Mit mehr als drei Gummientenlängen entscheidet sie den ersten Vorlauf für sich.

In fünf Vorläufen qualifizieren sich jeweils zehn Gummienten, die im Endlauf noch einmal gegeneinander antreten.

Schon eine Stunde vor dem ersten Start tummeln sich zahlreiche Zuschauer und Schlachtenbummler am Rand der Rennstrecke. Eine lange Schlage entsteht mit Leuten, die ihre Gummiente noch zu Wasser lassen möchten.

Schnelligkeit ist zwar wichtig, aber gutes Aussehen kann auch helfen. Nicht nur, dass der Entenpate seine Ente im Lauf besser wiedererkennt. Mancher gibt sich viel Mühe mit dem lieben Federvieh. Ein extra eingerichteter Schönheitssalon für Enten bringt Hunderte von Geflügelhaltern dazu, die Gummienten liebevoll auszustaffieren, zu kostümieren und zu dekorieren. Zur Miss-Neustadt-Enten-Wahl traten u. a. die Ente im Schafspelz, die Taucherente, Ernies Liebling, die Pilotenente und die Zeitungsente an. Die Jury kürte die »Professorenente« zur Miss Ente 2002. Ein Jahr lang darf sie sich nun schönste Ente Neustadts nennen.

Erstmals gibt es dieses Jahr einen Sonderwettbewerb für alle »getunten« Enten. Der Einfallsreichtum der Neustädter ist erstaunlich. Mit Segeln, Schaufelrädern, Düsenantrieb und Propellern wollen sie ihre Enten beschleunigen.

In dieser Disziplin hat am Schluss die »Patente Ente« den Schnabel vorn. In nur 103 Sekunden legt sie die Strecke von der Schillerstrasse zur Schustergasse zurück.

Auch wer keine Rennente am Start hat, wird mit einem tollen Rahmenprogramm glänzend unterhalten. Es gibt eine Auto-Entenparade und viele Open-air-Spiele für die Kleinen. Die Gäste lassen sich das leckere Essen auf der Zunge zergehen und kaum einer geht ohne quietschendes Andenken nach Hause.

Ein Höhepunkt ist die Versteigerung der Promi-Enten. Handsignierte Gummienten mit lustigen Rezepten und Anekdoten sind heißbegehrt unter den Fans.

Insgesamt gibt es für die Gummienten und ihre Besitzer Preise im

Gesamtwert von über 5000 Euro. Die schnellste normale Ente gehört Mirco Thalbach. Er gewinnt eine Reise für zwei Personen nach Korsika, die der diesjährige Hauptsponsor Reisebüro Fliegweg zur Verfügung stellt. »*Ich hab meine Ente die ganze Zeit nicht aus den Augen gelassen. Ich wusste, dieses Jahr reicht es für einen Platz ganz weit vorne*«*, sagt Mirco Thalbach nach der Siegerehrung im NB-Exklusiv-Interview.*

Die Einnahmen des diesjährigen Gummientenrennens ermöglichen dem Kindergarten Pinoccio den rollstuhlgerechten Umbau des Erdgeschosses. In Zukunft können auch Marlies und Stefan ohne fremde Hilfe ihre Kindergartengruppe erreichen. (mgr).

Vorschläge für das Rahmenprogramm

Ein Gummientenrennen bietet einen idealen Hintergrund für ein Sommerspektakel, das nicht nur die Menschen erreicht, die direkt mit Ihrem Kindergarten zu tun haben, sondern auch viele andere. Ob es eher niedlich und beschaulich oder gigantisch und spektakulär wird, hängt stark von der Zahl der Gummienten ab, die Sie ins Rennen schicken. Damit Sie ein beeindruckendes Bild auf Ihrem Bach malen, brauchen Sie mindestens 200 Gummienten. Nach oben sind der Entenzahl kaum Grenzen gesetzt.

Um die Gäste eine Weile zu unterhalten, schreiben Sie am besten einige Nebendisziplinen aus. Eröffnen Sie einen Schönheitssalon für Enten, in dem Enten verkleidet, geschminkt, angemalt und mit Requisiten versorgt werden können. Am Schluss küren Sie die allerschönste Ente und legen ihr eine Miss-Wahl-Schärpe um.

Ein Tuning-Wettbewerb kann alles das erlauben, was das eigentliche Gummientenrennen verbietet. So können Tüftler Enten mit Segeln, Katamaranen, Schaufelrädern oder Propellern versehen. Dafür müssen diese Erfinder einige Tage vorher Zeit haben. Die Tuning-Enten im unbearbeiteten Zustand bieten Sie in den Wochen vor dem Event an Vorverkaufsstellen zum Verkauf an.

Außerdem prämieren Sie die »Lahme Ente« mit einem Sonderpreis. Die »Lahme Ente« ist die Ente, die es als letzte aus eigener Kraft schafft, das Ziel zu erreichen.

Sie können mit dem Groschenglas auf die Siegerzeit tippen lassen oder auf die Zahl der Enten, die das Ziel erreichen.

»Promi-Enten« sind Enten mit Autogrammen. Eventuell schreiben, skizzieren oder malen die Prominenten eine Gummienten-Impression. Achten Sie darauf, dass es keine Entenrezepte sind, denn das würde die Rennmoral der Gummienten drastisch verschlechtern. Die »Promi-Enten« können Sie dann versteigern.

Eine Lotterie ist für Kinder nicht besonders spannend. Bereiten Sie ein Spielprogramm für Ihre kleinen Gäste vor. Das können Fallschirmspiele sein oder ein selbstentworfenes riesiges Gummienten-Würfelspiel. Es müssen Spiele sein, die man sonst zu Hause oder im Kindergartenalltag nicht spielt. Dann ist der Tag des Events jedes Jahr etwas Besonderes.

An den Ständen für die kulinarische Versorgung der Gäste darf es auf keinen Fall Ente zu essen geben. Auch das ist Gift für die Rennmoral der Gummienten.

Die meisten Gummientenrennen haben noch ein buntes Showprogramm für die Gäste vorbereitet: Musik, Tanz, eine Auto-Enten-Schau, Jongleure und Clowns. Wenn Sie Ihren startenden Enten einen Gefallen tun möchten, führen Sie eine spezielle Quietschnummer der Clowns vor. Darüber amüsieren sich Gummienten immer köstlich.

Kaum einer Ihrer Gäste möchte ein solches Event ohne Andenken verlassen. Die Teilnehmer des Tuning- und des Schönheitswettbewerbs nehmen Porträtfotos von sich und ihren Enten mit, Familien entscheiden sich für eine 6er-Packung Quietsche-Enten und das Gummientenrennen-Würfelspiel für zu Hause. Sammler reißen sich bestimmt um Ihre limitierte Jahresente.

Spielregeln

Frei nach den Regeln des Göttinger Entenrennens:

☞ Zum Gummientenrennen zugelassen sind nur offizielle Gummienten, die bei einer Vorverkaufsstelle oder direkt am Start erworben wurden. Bei jeder einzelnen Originalgummiente handelt es sich um ein Unikat. Die Gummienten sind fortlaufend nummeriert. Die individuelle Nummer befindet sich auf einem wasserfesten Etikett auf der »Unterseite« der kleinen gelben Schwimmer. Die Nummer der Ente stimmt mit der Nummer auf dem Teilnahmeschein überein. Achten Sie bitte darauf, dass das Etikett bei möglichen Dekorationsmaßnahmen nicht entfernt, beschädigt, übermalt oder sonstwie verändert wird. Enten ohne dieses Etikett werden nicht zum Start zugelassen.

☞ Gummienten aus den Vorjahren können nicht teilnehmen.

☞ Die Gummienten können zusammen mit dem Startbeleg am xten yten ab z Uhr am Start abgegeben werden. Nach x Uhr können keine Gummienten mehr zugelassen werden.

☞ Die Besitzer von Gummienten, die am Veranstaltungstag nicht persönlich anwesend sein können, haben die Möglichkeit, ihre Ente von einer Person ihres Vertrauens am Start abgeben zu lassen. Gummienten können auch direkt nach Kauf bei den Vorverkaufsstellen zurückgelassen werden.
Diese Enten werden dann vom Veranstalter gestartet. Alle Enten haben die gleichen Gewinnchancen.

☞ Die Veranstalter übernehmen keine Verantwortung dafür, wenn Rennenten, die vom Veranstalter gestartet werden müssen, weil der Besitzer bzw. die Besitzerin nicht anwesend ist, aufgrund fehlender Motivation bzw. Trainingsmöglichkeiten nicht ihren vollen Einsatz zeigen.

☞ Das Starten der Rennenten erfolgt ausschließlich durch Mitarbeiter der Veranstalter. Von sonstigen, nicht autorisierten Personen gestartete Enten werden sofort disqualifiziert.

☞ Präparierte, getunte und gedopte Enten, die mit irgendwelchen Antriebsarten ausgerüstet wurden (Motoren, Segel, Zugleinen usw.) dürfen nicht teilnehmen.

☞ Dekorierte und bemalte Enten haben im Rahmen der normalen Läufe die gleichen Gewinnchancen wie ihre »nackten« Mitstreiter. Allerdings gibt es für die hübschesten bzw. originellsten Enten Sonderpreise. Am Schönheitswettbewerb können allerdings nur Gummienten teilnehmen, die auch regulär die Rennstrecke zurückgelegt haben.

☞ »Modifizierte« Enten, die aufgrund der Bastelarbeiten bzw. Verschönerungsaktionen eine Gefahr für das Startpersonal bzw. alle anderen Mitarbeiter der Veranstalter darstellen, werden sofort disqualifiziert.

☞ Alle natürlichen und künstlichen Hindernisse sind unanfechtbarer Bestandteil der Rennstrecke. Enten, die unterwegs hängenbleiben, werden durch Helfer der Veranstalter befreit und möglichst nahe an diesem Ort wieder freigelassen.

☞ Unabhängig davon, wie die Enten ins Ziel kommen, ob kopfüber, kopfunter, seitlich liegend oder völlig erschöpft – der Zieleinlauf ist stets gültig!

☞ Die Bekanntgabe der Gewinner erfolgt am Veranstaltungstag

durch Lautsprecherdurchsagen sowie Aushängen im Ziel- und im Startbereich.

☛ Die Gewinnübergabe erfolgt am Veranstaltungstag im Zielbereich. Hierbei ist der Teilnahmeschein sowie der amtliche Personalausweis vorzulegen.

☛ Nicht anwesende Besitzer von Rennenten haben die Möglichkeit, sich in der Woche nach dem Entenrennen über ihren möglichen Gewinn im Internet, über einen Aushang und durch die Berichte in der Tagespresse zu informieren. Die Gewinner haben vier Wochen Zeit, ihre Preise abzuholen.

☛ Am Renntag werden keine Enten zurückgegeben. Die Rennenten können in der Woche nach dem Rennen in der Vorverkaufsstelle abgeholt werden. Die Rückgabe erfolgt nur gegen Vorlage des Teilnahmescheins.

Alle nicht abgeholten Rennenten gehen in den Besitz der Veranstalter über und werden im nächsten Jahr als Recyclingenten eingesetzt.

☛ Mitarbeiter der Veranstalter sowie deren Angehörige und weitere Helfer, die am Veranstaltungstag im Rahmen des Entenrennens tätig sind, sind von der Teilnahme ausgeschlossen.

☛ Mit der Abgabe Ihrer Gummiente und des Teilnahmescheins akzeptieren Sie diese Spielregeln.

☛ Die Veranstaltung findet bei jeder Witterung statt, ob es stürmt oder schneit …

☛ Der Rechtsweg ist ausgeschlossen.

Anmerkungen zu den Spielregeln

Prinzipiell haben Sie verschiedene Möglichkeiten, ein Gummientenrennen zu organisieren. Sie können die Enten selbst oder Entenpatenschaften verkaufen. Es gibt die Variante, bei der nur gleiche Enten an den Start gehen, und die Variante, bei der die Enten verziert werden können.

Diese Regeln sind für die Kauf- und Verzier-Variante der Gummienten. Durch die individuell gestalteten Enten ergibt sich ein lustig bunter Rennanblick. Die Enten an die Teilnehmer zu verkaufen führt automatisch zu »Jahresenten«. Sammler werden anfangen, von Ihrem Rennen jedes Jahr eine neue Ente mitzubringen. Das ist gut für Ihre Kundenbindung. Sie benötigen außerdem wesentlich weniger Lagerplatz als bei der Patenschaftsvariante. Allerdings haben Sie jedes Jahr wieder relativ hohe Kosten für den Kauf der neuen Gummienten. Wenn Sie verzierte Enten zum Start zulassen, müssen Sie noch eine Sichtkontrolle vor der Wasserung durchführen, damit Sie Regelverstöße feststellen können. Sie werden nicht mehr exakt gleiche Schwimmbedingungen bei den Enten haben. Der Zufallsfaktor ist aber immer noch groß genug.

Die Kaufvariante erfordert auch die Regelung für abwesende Entenbesitzer. Durch diesen Fernstart sind die Abläufe etwas komplizierter. Allerdings können auch Menschen an dem Rennen teilnehmen und so Ihr Event unterstützen, die an dem entsprechenden Tag keine Zeit haben.

Wenn Sie Entenpatenschaften verkaufen, geben Sie die Enten nie aus der Hand. Sie kaufen einmalig Hunderte von Enten und versehen Sie mit Rückennummern. Sie werfen alle Enten gleichzeitig in den Bach oder Fluss und am Ziel fischen Sie alle wieder heraus. Die Enten werden dann bis zum nächsten Jahr bei Ihnen gelagert.

Die Zuschauer kaufen nur noch Patenschaftsurkunden mit der Nummer einer Ente. Eine Phase für die Verzierung der Rennenten entfällt. Der einzelne Zuschauer hat seine Ente niemals in der Hand gehabt. Die Identifikation mit den Enten ist wesentlich schwächer. Außerdem sehen alle Enten gleich aus. Man kann während des Rennen kaum sehen, wo die eigene Ente gerade ist. Sie sparen aber die Personen am Start und die Regeln sind schlichter. Deshalb haben sich die großen Agenturen, die Gummientenrennen veranstalten, für diese Methode entschieden. Wenn Sie ein wirklich großes Gummientenrennen planen, können Sie sich bei Agenturen die Enten auch ausleihen.

Bei der Patenschaftsvariante können Sie mit anderen Gummienten, die Sie verkaufen, trotzdem noch einen Schönheitswettbewerb austragen.

Der Preis für eine Ente bzw. eine Patenschaft hängt stark von Ihren Gewinnen ab. Je höher der Gesamtwert ist, um so teurer darf ein Start beim Rennen sein. Beachten Sie Ihre Kosten beim Einkauf der Enten bzw. die Leihgebühren. Zwei Euro ist dann die Untergrenze. Bei einigen Rennen mit attraktiven Preisen kann das Startgeld bis zu fünf Euro steigen. Sie können beim Kauf von mehreren Gummienten auch einen Rabatt gewähren. So reizen Sie zum Kauf von mehreren Enten. Wenn Sie eine ganze Entenfamilie im Quack-Sixpack anbieten, werden viele Ihrer Gäste nicht nur mit drei Gummienten nach Hause gehen wollen, schon damit die Familie nicht auseinandergerissen wird. Wenn Sie kein Gewässer zu Verfügung haben, dass schnell genug fließt, brauchen Sie die Hilfe Ihrer Freiwilligen Feuerwehr. Die Wasserschläuche haben so viel Druck, dass sie als Antrieb für eine beachtliche Rennstrecke ausreichen. Achten Sie darauf, dass die Antriebskraft gerecht auf der gesamten Rennbreite verteilt wird, zum Beispiel, indem der Schlauch gleichmäßig von rechts nach links wandert und dann wieder zurück.

Beachten Sie auch die Windverhältnisse. Gegenwind kann selbst durchtrainierten Hochleistungsenten so sehr zu schaffen machen, dass Ihre Zuschauer gelangweilt nach Hause gehen, bevor der Hauptpreis erschwommen wurde.

Bei der Patenschaftsvariante reicht es meist, die Gummienten gleichzeitig ins Wasser zu kippen, zum Beispiel mit einem Bagger. Eventuell brauchen Sie nach hinten eine Barriere im Wasser, damit das Rennen in die richtige Richtung startet.

Wenn Sie den Zuschauern die Enten selbst verkaufen, brauchen Sie eine Startbarriere. Die Enten werden einzeln geprüft und zu Wasser gelassen. Damit nicht einige vorwitzige Gummienten schon mal losschwimmen, muss es eine Startlinie geben. Diese Startlinie wird dann von den Starthelfern beim Startschuss hochgehoben und alle Enten beginnen das Rennen gleichzeitig. Bei vielen Enten am Start können Sie kurz vor Beginn auch noch einmal durchmischen.

Sie wollen bestimmt kein Zielfoto, das auf die Hunderstelsekunde genau ermitteln kann, wer die Reise und wer das Auto gewonnen hat. Um das zu vermeiden, hilft es, den Zieleinlauf auf eine Entenbreite zu verjüngen. So entsteht ein Zieltrichter und nur eine Ente kann zu einer Zeit über die Ziellinie schwimmen. Die Zielhelfer können eindeutig die Reihenfolge der Platzierungen ermitteln.

Die Rückennummern der Enten werden dann laut angesagt, so dass jeder Zuschauer sie gleich mitbekommt. Es darf nicht passieren, dass es ein Rennen mit spannendem Finish gibt und der Halter der schnellsten Ente erst eine halbe Stunde später erfährt, wo sein nächster Urlaub hingeht.

Beachten Sie die Böschung bei Ihrem Rennen. Nehmen Sie die Böschungsregeln sehr ernst, denn es handelt sich beim Gummientenrennen um eine Lotterie. Sie können die Regeln auch abändern und alle Enten, die länger als 30 Sekunden in der Böschung hängen, ganz disqualifizieren. Am eindeutigsten wird das Rennen, wenn Sie mit dünnen langen Schwimmpontons die Rennstrecke so markieren, dass die Gummienten mit der Böschung gar nicht in Berührung kommen.

Machen Sie auf alle Fälle einen Probelauf und achten Sie auf zuschauerfreundliche Schwimmzeiten der Enten.

Mit den Zwischenläufen und Spezialwettbewerben für »getunte« Enten erreichen Sie ein abwechslungsreiches Event und ganz nebenbei entsteht ein Spannungsbogen, der mit dem großen Finallauf seinen Höhepunkt erreicht.

Materialien und Aufgabenverteilung

Die Aufgaben- und Materiallisten richten sich nach der Kauf- und Verziervariante des Gummientenrennens. Was Sie beim Rahmenprogramm und bei der Bewirtung Ihren Gästen bieten, liegt in Ihren Händen. Tipps dafür können Sie im Kapitel über das Rahmenprogramm und die Nebeneinnahmen nachschlagen.

Für folgende Aufgaben müssen Sie jemanden einteilen:

- Eine Lotterie steht und fällt mit der Attraktivität und der Menge der Preise. Für die Organisation der Preise müssen Sie im Vorfeld viel Arbeitszeit einplanen. Teilen Sie dafür feste Zuständigkeiten ein. Das ist eine Aufgabe für eine oder mehrere sehr engagierte Personen. Sie werden die Idee des Gummientenrennens nach draußen tragen und begeistern. Lesen Sie noch einmal die Tipps im Kapitel »Der Preis für die Sieger«.
- Schon einige Wochen vor dem Event brauchen Sie einen Vorverkauf. Dazu bieten sich die Räume des Sponsors an oder Sie finden einen oder mehrere zentrale Läden, die Ihr Projekt mit dem Vorverkauf unterstützen. Auf Märkten sind Sie mit einem Stand vertreten, dort bringen Sie die Rennenten unters Volk. Das ist eine Aufgabe für mindestens zwei Personen.
- Um die Zuschauer zu fesseln, muss Ihr Gummientenrennen ein Sportereignis in Ihrer Region werden. Dazu brauchen Sie eine mitreißende Moderation, der ein bisschen Schalk im Nacken sitzt. Die Moderation übernimmt auch das Schiedsrichten, die Versteigerung und die Preisverleihung. Das ist eine Aufgabe für eine oder zwei Personen
- Auch auf dem Gelände des Events können Ihre Gäste Rennenten kaufen. Dafür teilen Sie eine oder zwei Personen ein. Die bei-

den können auch die Wetten für das Groschenglas annehmen.

■ Eine oder zwei Personen sind für die Sichtkontrolle der Rennenten und die Wasserung zuständig. Eventuell halten Sie die Namen der Entenhalter fest und stempeln die Losabschnitte ab. Das ist für die Rückgabe der Enten und die Preisverleihung wichtig.

■ Mindestens zwei weitere Personen sind für den Rennverlauf verantwortlich. Sie sind mit Anglerstiefeln oder Taucheranzügen ausgestattet. Sie betätigen die Startbarriere und folgen den Enten. Sie befreien hängengebliebene Enten. Bei langen Rennstrecken auf schnellen Flüssen sind mehrere Kanufahrer sinnvoll.

■ Mindestens zwei Personen überwachen das Finish der kleinen gelben Sportler. Sie stehen am Zieltrichter und reichen die angekommenen Enten in einer eindeutigen Rangfolge an den Schiedsrichter und Moderator weiter.

■ Der Schönheitssalon der Gummienten, in dem Ihre Gäste das Federvieh mit fremden Federn schmücken können, wird von mindestens zwei Ihrer Helfer geleitet. Drei sind besser.

■ Eine drei- oder fünfköpfige hochkarätige Jury urteilt darüber, welche Ente den Schwimmsteg als »schönste Ente des Jahres« verlässt. Nehmen Sie durchsetzungsfähige Personen. Eitle Enten können ziemlich zickig werden.

■ Ein Fotoreporter begleitet das Event, besser zwei. Für die Erinnerungsfotos brauchen Sie außerdem noch jemanden, der die Fotos ausdruckt und verkauft.

■ Und dann ist da noch die Schar von Freiwilligen, die das Bewirten und das Rahmenprogramm übernimmt.

■ Nach dem Rennen und an den Folgetagen geben Sie die Preise und die Enten gegen die Vorlage des Losabschnitts an die glücklichen Geflügelhalter heraus. Dazu müssen Sie mindestens zwei Menschen einteilen. Mehr sind besser.

Folgendes Gelände und folgende Gegenstände brauchen Sie für das Gummienten-Rennen:

■ Das Rennen findet auf einem Gewässer statt. Rund um das Gewässer gibt es viel Platz für Publikum, das einen schönen Nachmittag bei Ihnen verbringt.

■ Zu allererst brauchen Sie eine Menge Gummienten für ein Gummientenrennen. Am besten sind sich selbst aufrichtende Enten. Sie haben ein kleines Gewicht im Bauch und drehen so den Kopf immer nach oben. Ein »Quietsch« verschlechtert eher die Schwimmeigenschaften einer Rennente, ein breiter Po oder ausgestreckte Flügel verbessern sie. Kleine Tigerenten und andere Modelle bekommen Sie bei der Agentur Maass und Partner. Die Adresse finden Sie im Anhang. Veranstalter von großen Gummientenrennen verkaufen auch gerne die »Restenten« an Organisatoren kleinerer Rennen. So hat das Göttinger Entenrennen eigentlich jedes Jahr noch eine ganze Menge Enten übrig. Die Adresse steht ebenfalls im Anhang. Sonst gibt es noch die Möglichkeit, dass Sie die Sponsorpartnerschaft mit einer Spielzeughandlung suchen, die Ihnen die Gummienten zum Einkaufspreis überlässt oder ganz bezahlt. Auf keinen Fall dürfen Sie die Modelle mixen, da die Schwimmeigenschaften sehr unterschiedlich sind. Damit das Rennen für die Zuschauer attraktiv ist, nummerieren Sie die Enten nicht auf der Unterseite. Das können nur Taucher und zufällig vorbeischwimmende Fische lesen. Geben Sie den Enten Rückennummern, die groß genug sind, dass man sie vom Ufer aus ohne Fernglas erkennen kann.

■ Zu jeder Gummiente haben Sie einen Losabschnitt mit der Nummer der Ente. Die bekommt der Käufer der Ente beim Kauf. Damit kann man seine Preise und natürlich seine Ente nach dem Rennen wieder abholen. Gestalten Sie die Losabschnitte auffällig und so fälschungssicher wie möglich.

■ Für die Gummienten-Wasserungs-Station bereiten Sie eine große Liste vor mit allen Entennummern, auf der die Namen der Halter eingetragen werden und einen Stempel, um den Losabschnitt abzustempeln.

■ Für den Start basteln Sie eine Startbarriere und am Ziel einen Zieltrichter. Eventuell grenzen Sie die ganze Rennstrecke mit Schwimmpontons von der Böschung ab. Dazu können Sie Holzstäbe in einer Signalfarbe anstreichen und mit Schwimmpontons an der Oberfläche halten. Die Konstruktion muss an Ihren Wasserlauf angepasst werden. Testen Sie, dass Ihnen keine Ente durch die Konstruktion entwischen kann.

■ Es trägt viel zu Stimmung und Atmosphäre bei, wenn Sie die Rennstrecke mit Luftballons und Spruchbannern schmücken.

- Ihr Moderator soll von allen Zuschauern gehört werden, damit alle mitbekommen, ob sie etwas gewonnen haben. Dazu brauchen Sie eine gute Mikrofonanlage. Eventuell übertragen Sie die Moderation vom Zielbereich auch in den Startbereich. Sie können auch einen Moderator im Startbereich stationieren und einen zweiten im Zielbereich. Oder das Rennen wird direkt vom Wasser aus moderiert, weil der Moderator mitfährt. Überlegen Sie sich, wer wo steht und den Rennverlauf und die Ergebnisse verfolgen soll.
- Als Startsignal nehmen Sie eine Hupe, eine Trillerpfeife oder Sie dichten einen originellen Startspruch.
- Am Verkaufsstand haben Sie einen Tisch, Stühle, eine Kasse mit Wechselgeld, Gummienten und Quack-Six-Packs, dazugehörige Losabschnitte und ein großes Plakat mit den Rennregeln.
- Auf einer großen Tafel tragen Sie die Preise und später die Nummern der Enten ein, die diese Preise erschwommen haben.
- Wenn Sie Zwischenläufe einplanen, informiert eine weitere Tafel über die Teilnehmer des Finales.
- Wenn Sie eine Groschenglas-Wette anbieten, brauchen Sie wieder ein großes Glas oder eine Flasche und eine weitere Tafel. Dort stehen die Regeln und die abgegebenen Tipps der Mitspieler. Wenn Sie auf Rennzeiten tippen lassen, brauchen Sie eine Stoppuhr.
- Es hilft den Gästen bei der Orientierung, wenn alle Ihre Helfer einheitliche und auffällige Kleidung tragen.
- Für die Versteigerung brauchen Sie einen Hammer, ein Pult und Dinge, die ersteigert werden können.
- Eine Tombola oder Lotterie hat sehr viele Preise. Die Hauptpreise des Rennens und der Nebendisziplinen überreichen Sie gleich vor Ort oder Sie bereiten überdimensionale Gutscheine vor. Für den Schönheits- und den Tuningwettbewerb bieten sich außer den Preisen noch Pokale und Urkunden an. Sie brauchen dann am Ziel Stifte oder Werkzeuge, um die Namen der Gummienten und deren Halter einzutragen.
- Auf jeden Fall brauchen Sie einen Stand, an dem über die Verwendung der Einnahmen informiert wird.
- Selbst wenn Sie keine Fotos als Andenken unter die Leute bringen, dokumentieren Sie das Rennen mit Fotos. Für das Foto in

Ihrer Siegergalerie haben Sie Requisiten vorbereitet. Bei einem Rennen bietet sich ein goldener Kranz oder eine Schärpe an. Diese Fotos helfen Ihnen bei der Pressearbeit in diesem und im nächsten Jahr. Archivieren Sie die Fotos.

■ Nach dem eigentlichen Rennen geben Sie die Gummienten an Ihre Besitzer zurück. Dazu müssen Sie einen großflächigen Entensortierplatz basteln, auf dem jede Gummiente einen Parkplatz mit ihrer Nummer bekommt. Sonst suchen Sie sich bei der Ausgabe der Gummienten wahnsinnig.

Wahrscheinlich holen die Entenhalter, deren Enten am Schönheitswettbewerb teilgenommen haben, ihre Enten schneller ab als andere. Sortieren Sie diese Exemplare extra.

Variationen:

Natürlich können Sie sich auch andere Verpackungen für die Lostrommel und die Lose ausdenken als einen Wasserlauf mit nummerierten Gummitierchen. Achten Sie aber darauf, dass es baugleiche Lose sind und die Lostrommel die Lose gut mischt.

Welches Los gewinnt und welches nicht, muss unbedingt einzig und allein vom Zufall bestimmt werden. Es ist nicht immer ganz deutlich, was mit der Wahrscheinlichkeit passiert, wenn ein Los entnommen wird, zurückgelegt wird, nicht an den Start geht oder mehrmals startet. Wenn Sie sich nicht ganz sicher sind, ob alles noch reiner Zufall ist, unterhalten Sie sich mit einem Stochastiker darüber. Die finden Sie in jedem gut sortierten Kollegium an den Gymnasien.

3.3. Beispiel Tombolas: Singender Adventskalender

Idee

Je dunkler das Jahr wird, desto mehr sehnen sich die Menschen nach einem Hauch Besinnlichkeit. Bestimmt haben Sie schon oft gesehen, wie singende Kinder aus ihrem Kindergarten die Zuhörer berühren. So viel Strahlen passt auf kaum ein Gesicht, wie die Zuhörer unterbringen möchten.

In der Adventszeit sucht man nach Möglichkeiten, einem lieben Menschen eine Freude zu bereiten. Gern macht man ein kleines Geschenk zwischendurch.

Nicht nur für Kinder ist das Warten auf Weihnachten eine wichtige

Tradition. Kluge Leute haben sich deshalb den Adventskalender ausgedacht, um die Zeit bis Weihnachten sichtbar zu machen. Den einen zeigt es, wie furchtbar lange es noch dauert, den anderen, wie wenig Zeit bis zum Fest noch bleibt.

Bringen Sie diese drei Ideen zusammen und organisieren Sie einen singenden Adventskalender. Das ist eine Lotterie, mit der Sie Menschen die Gelegenheit geben, anderen Menschen einen musikalischen Adventsgruß nach Hause zu schicken. Ganz nebenbei kann man noch etwas Gutes für Kinder ermöglichen.

Sie verkaufen Lose, auf denen man den Namen eines Bekannten oder Verwandten eintragen kann. Jeden Tag im Advent wird ein Gewinner gezogen. Ihm bringen Kinder aus Ihrem Kindergarten an der Haustür ein Adventsständchen. Die Erinnerungsfotos davon erscheinen bei Ihrer Lotterie in den Türchen des Adventskalenders.

Ablauf

Klar, die ersten Lebkuchen gibt es Anfang September. Mitte November fallen dann die letzten Schranken und Weihnachten hat die Stadt erobert. Das ist der Moment, an dem Ihr singender Adventskalender startet, und das nicht nur mit Weihnachtslieder-Proben.

In den Räumen der Bäckerei May hängen Sie ein Adventskalenderhaus und ein Plakat an eine zentrale Wand direkt neben der Kasse. Die 24 Türchen des Hauses sind natürlich noch geschlossen. An der Kasse liegen die Lose und Handzettel, die die Spielregeln erklären, daneben steht ein großer durchsichtiger Behälter, in dem die ersten zwei Lose liegen. Am Anfang gibt es natürlich noch tausend Fragen, was das denn sein soll, wie das geht und wieso und zu wessen Gunsten.

Maries Mutter kann sich erst gar nichts darunter vorstellen. Aber ein Los will sie doch mal mitnehmen. Es ist ja für Maries Kindergarten. Als sie sich das Los ansieht, fragt sie die Kassiererin: »Und was soll ich jetzt damit machen?« »Ich weiß auch nicht so genau, das steht erst seit heute hier. Ich glaube, da müssen Sie jemanden eintragen, für den Sie ein Weihnachtslied gewinnen möchten. Und da tragen Sie noch Ihren eigenen Namen ein, wenn Sie möchten, oder so.« »Ist das so richtig?«, fragt Maries Mutter. »Ja, ich glaub schon. Jetzt müssen Sie die Lose in den Kasten stecken.«

Viele fragen in den ersten Wochen auch bei Ihnen nach, was es mit dem Kalender auf sich hat. Im Laufe der Gespräche verkaufen Sie auch im Kindergarten noch einige Lose. Dort haben Sie eine eigene Lostrommel.

Am Vorabend des ersten Dezember ist es dann soweit. Die heiße Phase des singenden Adventskalenders beginnt. Ein bisschen Lampenfieber haben Sie schon, als Sie das erste Mal alle bisher eingesteckten Lose zusammentragen. Das sind die aus dem Kindergarten und aus der Filiale der Bäckerei May in der Taugasse. Klaus aus der Bärengruppe darf heute die erste Glücksfee sein. Bäckermeister May, Sie und der kleine Klaus treffen sich kurz vor Ladenschluss in der Hauptverkaufsstelle der Bäckerei. Zwei Lokalreporter sind auch gekommen. Jetzt werden alle Lose in die große Lostrommel geschüttet. Klaus dreht sich so, dass er nichts sieht und tastet nach den Losen. Erst mischt er noch einmal. Er will es wirklich spannend machen. Dann zieht er das Los von »Gertrud Mahler«. Die Fotografen machen ihre Bilder und fragen noch einmal genau nach den Spielregeln.

Am nächsten Morgen geht es dann los. Sie verstauen sechs Kinder mit vielen Weihnachtsliedern im Kopf in einem Minibus. Außerdem brauchen Sie noch eine Digitalkamera, die Stollen- und Plätzchen-Präsente der Bäckerei, die meterhohe »1« und natürlich einen Stadtplan. Frau Mahler wohnt in der Luisenallee, dort würden Sie ohne Stadtplan nie hinfinden. Als Sie bei Frau Mahler klingeln, ist sie erst sehr verdutzt. »Guten Morgen, Frau Mahler. Ihre Tochter Claudia meinte, dass Sie gut durch ein kleines Adventsständchen aufgemuntert werden könnten. Und Sie haben heute im singenden Adventskalender gewonnen.« »Nein, das kann nicht... meine Tochter sagen Sie?« Aber da fangen die Kinder schon an zu singen. Eine kleine Streicheleinheit für das Gemüt im grauen Dezember und Frau Mahler muss lächeln. Als die Kinder fertig sind, applaudiert sie. »Frau Mahler, von der Bäckerei May soll ich Ihnen noch etwas Weihnachtsgebäck überreichen. Dürfen wir noch ein Foto machen, das kommt dann in unseren großen Adventskalender... Ja, den haben Sie schon gesehen. Das ist der in der Bäckerei... Ja, genau.« Sie gehen mit der großen »1« zur Haustür. Frau Mahler hält die »1« sogar selbst fest und Sie können Ihre Fotos machen.

Im Kindergarten nimmt Ihre Kollegin Kathrin die Kamera und druckt die Bilder groß aus. Sie radelt zur Bäckerei und öffnet das erste Fester. Dort klebt sie das Foto in das erste Türchen. Frau Mahler mit der großen »1« in der Hand. Kathrin wird schon von einigen Brötchenkäufern angesprochen und erzählt denen, dass sie diese Aufmerksamkeit auch selbst verschenken können, wenn sie die Lose an der Kasse kaufen. Der Artikel in der Tageszeitung ist auch schon erschienen. Die Leute fangen an, in der Bäckerei und im Kindergarten nach den Losen zu fragen. Der Redakteur des Wochenblatts wollte noch auf das erste Türchen-Foto warten. Das erscheint dann am nächsten Mittwoch. Das Echo bei der Tageszeitung war so gut, dass der Redakteur ab sofort jeden Tag das Foto vom Vortag mit kleiner Bildunterschrift in die Zeitung nehmen möchte.

Am Abend geht es weiter. Die nächste Ziehung bei der Bäckerei May steht an und Marie darf heute Glücksfee spielen. Der glückliche Gewinner heißt Herbert Kell.

Am nächsten Morgen packen Sie diesmal die große »2« ein und fahren zu Herrn Kell. Der scheint aber nicht da zu sein. Er wusste ja auch nicht, dass seine Enkelin ihm ein Los gekauft hat und dass er ausgerechnet heute gewinnt, wo er doch einen Zahnarzttermin hat. Zum Glück haben Sie ja noch Nachrücker gezogen. Auch wenn es Ihnen für Herrn Kell leid tut, die Regeln sagen eindeutig, wer beim Ständchen nicht anwesend ist, hat Pech gehabt. Das Los kommt aber zurück in die Lostrommel, damit Herr Kell noch eine neue Chance bekommt. Also geht es jetzt zu Frau Schmidt in der Berggasse. Frau Schmidt hat sich zwar sehr gefreut und nahm den Christstollen gerne, aber aufs Foto wollte sie schon in den letzten 15 Jahren nicht mehr. Sie machen einfach ein Foto von den Kindern mit der riesigen »2« vor ihrer Tür. Dagegen hatte Frau Schmidt nichts.

Wieder druckt und radelt Kathrin los, als Sie zurück im Kindergarten sind. So öffnet sie im Laufe von einigen Wochen fast alle Türchen. Zugegeben, die Wochenenden am Montag nachzuholen war sehr anstrengend. Aber Sie haben so viele freundliche Rückmeldungen bekommen und mussten schon zweimal Lose nachdrucken. Da lohnt sich der Aufwand.

Vom 6. bis zum 17. Dezember organisieren einige Eltern sogar einen eigenen Stand für die Lotterie auf dem Weihnachtsmarkt. Das steigert den Verkauf der Lose noch einmal ungemein. Auch wenn Kathrin jetzt auch noch jedesmal ein Foto zum Weihnachtsmarkt bringen muss. Ein so dickes Dankeschön, wie es sich diese Eltern verdient haben, können Sie kaum backen.

Am 23. 12. werden nicht nur das große Ständchen verlost, sondern auch noch alle anderen Preise. Und die können sich sehen lassen.

Für die Kinder ist die Zeit bis Weihnachten vielleicht etwas schneller verflogen als sonst. Sie haben viele nette Menschen kennen gelernt. Und einige wollen auch mal wieder im Kindergarten vorbeischauen. Frau Altke von der großen »16« kann sich zum Beispiel gut vorstellen, so netten Kinder einmal in der Woche Geschichten vorzulesen. Darum kümmern Sie sich dann im Januar.

Und übrigens: Nächstes Jahr will Kathrin die Fotos per E-Mail an Frau May mailen. Dabei ist Radfahren doch so gesund.

Vorschläge für das Rahmenprogramm

Der singende Adventskalender ist eine Weihnachts-Fundraising-Aktion, die möglichst Ihre ganze Gemeinde erfassen soll. Suchen Sie die Medienpartnerschaft der Tageszeitung vor Ort. Am besten regen Sie eine Vorberichterstattung Mitte November an. Dazu können dann ein Artikel am 1. Dezember und täglich die Fotos der Kalendertürchen kommen. Abschließend können Sie einige Tage nach Weihnachten eine Bilanz veröffentlichen und sich bei den Loskäufern und Helfern bedanken. Etwas später bildet ein Text über die Umsetzung des Projekts den Abschluss.

Eine Lokalredaktion wird kaum all diese Beiträge in die Zeitung nehmen, wenn Sie für jeden einzeln anfragen. Bieten Sie schon im Vorfeld eine Partnerschaft an. Die Zeitung tritt dann als Sponsor auf und ist in der Bäckerei, auf dem Weihnachtsmarkt, im Kindergarten mit ihrem Logo präsent. Eventuell stellt auch die Redaktion einige Gewinne für die Lotterie zu Verfügung. Mit einer solchen Partnerschaft, die einen Zeitplan für die Veröffentlichungen und Ihre Gegenleistungen festhält, ist Ihnen wesentlich mehr regionale Medienpräsenz sicher. Damit wird der Erfolg des singenden Adventskalender um so größer.

Als Hauptsponsor bieten sich Geschäfte für den täglichen Bedarf an. In diesen Läden wird für den Kunden der Fortsetzungscharakter des singenden Adventskalenders am deutlichsten. Am besten sind Bäckereien mit mehreren Filialen.

Sie können auch mit einer bunten Mischung an Läden zusammenarbeiten. Dann sind Sie in der ganzen Innenstadt oder dem ganzen Stadtteil präsent. Aber die Arbeit im Vorfeld, beim Basteln der Adventskalenderhäuschen, mit dem Loszusammentragen und dem Austeilen der Fotos multipliziert sich. Achten Sie darauf, dass sich auch Ihre Einnahmen vervielfältigen. Einerseits werden Sie etwas mehr Lose verkaufen, allein weil Sie durch viele Geschäfte eine größere Bandbreite an Menschen erreichen, zum Beispiel auch Nicht-Brötchen-Esser. Andererseits können so die Gewinne für die letzte Auslosung wesentlich attraktiver werden. Damit können der Lospreis und die Auflage der Lose steigen.

Je mehr Preise Sie für die letzte Auslosung organisieren, desto attraktiver wird ein einzelnes Los. Die Gewinne müssen nicht teuer sein. Beachten Sie bitte die Tipps im Kapitel »Preise für die Sieger«.

Egal, ob Sie mit einer einzigen Bäckerei oder dem ganzen Einzelhändlerverbund zusammenarbeiten, Sie müssen auf jeden Fall vorher das Personal, das die Lose verkauft, gut über die Spielregeln und den Zweck des singenden Adventskalenders informieren. Planen Sie dafür genug Zeit ein.

Wenn Sie noch ein bisschen mehr Wunschkonzert oder singendes Telegramm in den Kalender bringen möchten, machen Sie eine Weihnachtsliederwunschliste. Dort kann man dann ankreuzen, welchen Weihnachtsgruß man verschicken möchte. Mit einer Bandbreite von klassischen Weihnachtslieder bis zu eher lustigen, moderneren kann man vielleicht auch jüngere Menschen dazu bewegen, einander einmal einen Gruß zu schicken. Sie können auch noch eine Grußzeile für einen Grußtext einfügen, den Sie dann übermitteln. Beides macht Ihren singenden Adventskalender lebendiger und persönlicher. Allerdings wird er auch komplexer. Komplexe Regeln vermehren die Arbeit und schrecken eventuell einige Loskäufer ab.

Besonders viel Arbeitszeit schluckt der Stand auf dem Weihnachtsmarkt. Je nach Weihnachtsmarkt kann er Ihre Lotterie aber auch zum großen Erfolg katapultieren. Dieser Mehraufwand kann sehr lohnend sein. Dort können Sie Loskäufer auch bewirten und für Kinder eine Vorleseecke oder eine Mitmach-Backstube einrichten. Die Eltern werden Ihnen sehr dankbar sein, wenn sie ihre Kinder bei Ihnen abgeben können, um in Ruhe Geschenke einzukaufen.

Spielregeln

☞ Herzlich willkommen in der Vorweihnachtszeit.

☞ Der Kindergarten am Wald, die Bäckerei May und der Neustädter Bote veranstalten auch dieses Jahr wieder den singenden Adventskalender.

☞ Jedes Los kostet x Euro und hat 25 adventliche Gewinnchancen. Zum einen gibt es für jedes Türchen des singenden Adventskalenders eine Ziehung, zum anderen eine große Schlussziehung.

☞ Bringen Sie den Advent zu Ihren Lieben.

☞ In 24 täglichen Ziehungen können Sie ein singendes Weihnachtstelegramm gewinnen. Dieses Weihnachtsständchen können Sie einem Mitmenschen im Stadtgebiet schicken (oder im Stadtteil oder im Umkreis von 15 Kilometern), um ihm etwas Gutes zu tun. Zusätzlich zu dem Ständchen bekommt der Empfänger noch ein leckeres Päckchen mit Weihnachtsgebäck der Bäckerei May.

☞ Jeden Abend zwischen dem 30. 11. und dem 23. 12. werden alle Lose, die bis 17.30 Uhr gekauft wurden, in einer großen Lostrommel gemischt und eine Glücksfee zieht den Tagesgewinner.

☞ Der Empfänger des singenden Weihnachtstelegramms bekommt am folgenden Vormittag von den Kindern des Kindergartens am Wald ein Ständchen mit Weihnachtsliedern.

☞ Ihr Advents-Ständchen wird nur vorgetragen, wenn
- Sie die Adresse des Empfängers komplett, leserlich und korrekt eingetragen haben,
- Sie als Absender eingetragen sind und
- wenn die Person an dem Vormittag auch dort anzutreffen ist, wo sie es angegeben hat.

☞ Anderenfalls verfällt der Gewinn für Ihren Empfänger und das Los wandert zurück in die Lostrommel. Es wird zusätzlich zum Tagessieger ein Nachrücker gezogen. Falls ein Los eine der drei Bedingungen nicht erfüllt, bestimmt dieses Los den Tagessieger.

☞ Gern bringen wir das Ständchen auch an den Arbeitsplatz.

☞ Sie können in der Mitteilungszeile noch eine Weihnachtsnachricht an Ihren Empfänger eintragen, die wir gerne ausrichten.

☞ Die Gewinner der Wochenendziehungen bekommen am Montag Ihr singendes Weihnachtstelegramm zugestellt.

☞ Die Lose aller Tagessieger wandern zur Schlussziehung kurz vor Weihnachten wieder zurück in die Lostrommel.

☞ Bei den Tagessiegern wird ein Foto gemacht mit einer großen Adventskalenderzahl. Dieses Foto wird in den Adventskalenderhäuschen in den Filialen der Bäckerei May, im Kindergarten am Wald und im Neustädter Boten veröffentlicht. Gern können Sie im Kindergarten am Wald einen oder zwei Abzüge dieses Fotos bestellen.

☞ So öffnet sich nach und nach jede Tür im Kalenderhäuschen und Weihnachten rückt Stück für Stück näher.

Die Schlussziehung findet am Abend des 23. Dezembers statt. Alle Lose haben eine neue Gewinnchance.

☞ Sie haben die Wahl, ob der Empfänger des Telegramms den Preis der Schlussziehung gewinnen soll oder Sie als Absender. Kreuzen Sie dazu bitte das entsprechende Feld an. Wenn Sie nichts ankreuzen, gehen wir davon aus, dass Sie den Preis dem Empfänger als Weihnachtsgeschenk machen möchten.

☞ Wer etwas gewonnen hat, erfahren Sie im Neustädter Boten vom 24. Dezember oder im Schaufenster der Bäckerei May.

☞ Sie haben vier Wochen Zeit, die Gewinne in der Bäckerei May abzuholen. Bitte bringen Sie Ihren Personalausweis mit.

☞ Mitarbeiter der Veranstalter sowie deren Angehörige und weitere Helfer, die beim Verkauf der Lose tätig sind, sind von der Teilnahme ausgeschlossen.

☞ Mit der Abgabe Ihres Loses akzeptieren Sie diese Spielregeln.

☞ Lose mit Mitteilungen beleidigenden Inhalts werden für alle Ziehungen disqualifiziert.

☞ Der Rechtsweg ist ausgeschlossen.

☞ Der Kindergarten am Wald, der Neustädter Bote und die Bäckerei May wünschen eine besinnliche Adventszeit.

Anmerkungen zu den Spielregeln

Vermeiden Sie bei den Regeln, dass Sie überall einen Missbrauch der Lotterie wittern. Gehen Sie davon aus, dass die Leute wirklich anderen Menschen eine Freude machen möchten.

Beschränken Sie Ihr Einzugsgebiet. Entweder wählen Sie Ihre Stadt als Grenze, einen Stadtteil, Postleitzahlenbezirke oder einen Umkreis mit einer festgelegten maximalen Entfernung.

Nehmen Sie das Ziehen aus der Lostrommel ernst. Linsen gilt nicht. Wenn Sie die Lotterie nicht ernst nehmen, werden das früher oder später andere auch nicht mehr tun und die Aktion wird scheitern.

In mehreren Verkaufsstellen hängen Sie ein Adventskalenderhaus und cin Infoplakat auf. Eventuell variieren Sie die Größen.

Es hilft, die Lose nach der Ziehung wieder auf die einzelnen Lostrommeln zu verteilen. Leere Lostrommeln schrecken ab. Niemand möchte gerne bei einer Aktion der Erste sein. Sie können auch drei bis fünf Attrappen am Boden jeder Trommel festkleben.

Denken Sie daran, dass ein singendes Telegramm eine wertvolle Dienstleistung ist. Ihre Lose sollten nicht zu billig sein. 3 Euro sind nicht zu viel, gerade wenn Sie noch eine Schlusslotterie mit weiteren Preisen vorbereitet haben.

Es gibt Menschen, die nicht für die Zeitung fotografiert werden möchten. Akzeptieren Sie das. Notfalls können Sie immer noch die Tür mit den großen Zahlen und den singenden Kindern davor fotografieren. Sie können die Lose auch mit einer Nummer und einem Abschnitt zum Mitnehmen versehen. Das hat den Vorteil, dass der Loskäufer etwas in der Hand hat. Sie veröffentlichen nach der Schlussziehung nur noch Losnummern der Gewinner und die Preise, nicht aber die Namen. Gerade bei größeren Preisen ist es einigen Leuten unangenehm, wenn der Name veröffentlicht wird.

Materialien und Aufgabenverteilung

Die Materialien- und Aufgabenlisten müssen natürlich an Ihre Gegebenheiten vor Ort angepasst werden. Was zu tun ist, hängt stark davon ab, welche Partner Sie haben und wie viele Losverkaufsstellen es gibt.

Für folgende Aufgaben müssen Sie jemanden einteilen:

- Bei dieser Lotterie stehen die medienwirksamsten Preise schon fest – die singenden Weihnachtstelegramme. Trotzdem müssen Sie für die Suche nach Sponsoringpartnern, Medienpartnern und weiteren Preisen viel Zeit einplanen. Verteilen Sie feste Zuständigkeiten. Das ist eine Aufgabe für eine bis drei Personen, die viel miteinander reden. Diese Gruppe hält auch weiterhin den Kontakt zu den Partnern.
- Einige Wochen vorher fangen Sie an, die Adventskalenderhäuschen zu bauen. Das ist je nach Zahl der Verkaufstellen eine Aufgabe für zwei bis sechs Personen. Diese Basteltruppe baut auch die überdimensionalen Zahlen und die Kästen für die Lose.
- Eine weitere Gruppe entwirft das Plakat, die Handzettel und die möglichst »fälschungssicheren« Lose. Eventuell können Sie einen Grafikdesigner zu einer Zeitspende überreden. Das ist eine Aufgabe für zwei Personen.
- Eine Person übernimmt es, die Einverständniserklärungen der Eltern einzuholen. Die Eltern erklären sich dazu bereit, dass ihre Kinder am singenden Adventskalender teilnehmen, im Minibus gefahren werden, eventuell Glücksfee spielen und Fotos von den Kindern in der Zeitung und in den Vorverkaufsstellen veröffentlicht werden.

■ Der ganze Kindergarten übt die Weihnachtslieder. Die Kinder kennen die Lieder sehr gut und können laut mitsingen. Es sollen ja beim Telegramm nicht nur die Erzieherinnen zu hören sein. Eventuell interessiert sich ein Teammitglied bei Ihnen besonders für die musikalische Früherziehung. Dann können Sie eine Sing-AG oder eine Weihnachtslieder-Projektgruppe bilden.

■ Eine oder zwei Personen verteilen die Häuser, Plakate etc. in den Losverkaufsstellen. Sie informieren das Personal über die Abläufe und den guten Zweck des singenden Adventskalender. Sie sorgen auch für den Nachschub an Materialien und Losen und rechnen mit den Losverkaufsstellen ab.

■ Eine Person ist dafür zuständig, vor jeder Ziehung alle eingeworfenen Lose zu sammeln. Sie ist auch für alle Abläufe bei der Ziehung verantwortlich und eventuell für das anschließende Verteilen der Lose in die Lostrommeln.
Sie teilt die Tagessieger und die drei Nachrücker dem Sängertrupp mit.
Die Lose der Nachrücker oder der Tagessieger, die nicht da waren, legt sie am nächsten Abend zurück in die Lostrommel.
Vor der Schlussziehung kommen alle Lose der Tagessieger wieder in die Lostrommel.

■ Jemand muss die Glücksfee des Tages zur Ziehung bringen. Entweder sind die jeweiligen Eltern dafür zuständig. Dann kann es Ihnen aber passieren, dass Sie den einen oder anderen Tag ohne Glücksfee dastehen. Besser ist es, wenn eine Person jeden Tag dafür zuständig ist, die Kinder abzuholen und nach Hause zu bringen.

■ Fünf bis sechs Kinder müssen jeden Tag zum Singen eingeteilt sein. Die Besetzung kann natürlich jeden Tag wechseln.
Eine Person mit Personenbeförderungsschein muss jeden Tag den kleinen Chor zum Zielort fahren. Sie sorgt für genügend Kindersitze.
Eine weitere Person fährt mit, um die Kinder zu beaufsichtigen, beim Singen zu unterstützen, die Präsente und die Nachricht zu überreichen und das Foto mit den großen Zahlen für den Adventskalender zu schießen. Menschen sind auf dem Foto wichtiger als das Drumherum. Diese Person sollte auch darauf eingestellt sein, Spenden zu bekommen und Quittungen auszustellen.

■ Eine Person druckt die Fotos so schnell wie möglich aus und bringt sie zu den Adventskalenderhäuschen. Das sollte möglichst noch am Vormittag geschehen.

■ Der Stand auf dem Weihnachtsmarkt braucht eine ständige Besetzung von mindestens zwei Personen. Dort können natürlich Schichten eingeteilt sein. Alle, die dort stehen, kennen die Abläufe und den guten Zweck des singenden Adventskalenders sehr gut. Sie müssen in der Lage sein, Spenden entgegenzunehmen und Quittungen auszustellen. Wenn Sie eine Vorleseecke oder eine Mitmach-Backstube einrichten, muss dort mindestens eine weitere Person eingeteilt sein.

■ Eine Person übernimmt die Aufgabe, die Adressen der Adressaten und der Absender zu sammeln und zu archivieren. Diese Adressdatenbank hilft enorm bei der nächsten Fundraising-Aktion.

Folgende Sachen brauchen Sie für den singenden Adventskalender:

■ Sie entwerfen Lose, auf denen der Empfänger und der Adressat eingetragen werden können. Es gibt Platz für eine Botschaft, die man verschicken möchte. Man kann ankreuzen, ob bei der Schlussziehung der Empfänger oder der Adressat gewinnt, eventuell kann man außerdem ein Weihnachtslied ankreuzen. Die Lose haben eine Nummer, die zweimal auf jedem Los steht, einmal auf dem Los direkt und einmal auf dem Abschnitt, der beim Losverkauf abgetrennt wird und dem Käufer mitgegeben wird. Die Lose müssen möglichst fälschungssicher sein. Entweder drucken Sie die Lose am Computer aus. Dann gibt es grafische Elemente, die schraffiert sind und so nur schwer zu kopieren sind. Oder Sie kopieren die Lose auf ein besonderes Papier. Wenn das alles nicht geht, stempeln Sie alle Lose einzeln mit dem Stempel des Kindergartens. Oder Sie wenden alle drei Methoden zusammen an.

■ Sie brauchen so viele Kalenderhäuschen, wie Sie Losverkaufsstellen haben. Die 24 Türchen sollten nicht zu klein sein. DIN A5 ist eine gute Größe. Die Türen dürfen nicht von alleine wieder zuklappen. Am besten bauen Sie die Häuser aus dünnen Spanplatten und fixieren die geöffneten Türen in dieser Position. Die Türchen sind gut sichtbar nummeriert. Neben den Häuschen hängen die Infoplakate. Es gibt genügend Handzettel.

- Für jede Losverkaufstelle basteln Sie einen durchsichtigen Loskasten aus Plexiglas. Auf den Boden kleben Sie drei bis fünf Losattrappen. Sie können die Loskästen mit kleinen Vorhängeschlössern abschließen. Das betont die Ernsthaftigkeit der Lotterie. An den Loskästen sind Stifte angebunden.
- An jeder Losverkaufsstelle haben Sie eine gesonderte Kasse für die Einnahmen aus der Lotterie und eine Strichliste. Sie führen Buch, wo Sie wie viele Lose abgegeben haben und wie viele dort verkauft worden sind.
- Für die Ziehung basteln Sie eine optisch beeindruckende Lostrommel, die groß genug ist, um alle Lose zu fassen und sie darin zu mischen.
- Sie brauchen eine offizielle Mappe, in der Sie die Lose der Tagessieger und die drei Nachrücker festhalten.
- Sie basteln sehr große bunte Zahlen aus fester Pappe oder dünnem Holz. Die Ziffern sollten mindestens einen Meter hoch sein. Sie brauchen zwei Einsen und zwei Zweien, die 3, 4, 5, 6, 7, 8, 9 und die 0 nur einmal. Damit können Sie alle 24 Zahlen zusammensetzen.
- Sie brauchen einen Minibus mit genügend Kindersitzen.
- Sie haben eine Digitalkamera und die Möglichkeit, die Fotos schnell und gut auszudrucken.
- Sie sind auf eventuelle Trinkgelder oder Spenden vorbereitet. Im Minibus haben Sie einen deutlich für Geld bestimmten Behälter, einen Stift und Spendenquittungen.
- Sie brauchen Präsente für die Empfänger. Bei Gebackenem packen Sie auch immer eine Alternative für Diabetiker mit ein.
- Sie organisieren einen dezemberfesten Marktstand, eventuell mit Bewirtung, Vorleseecke oder Mitmach-Backstube.

4. Konzerte, Theater und andere Veranstaltungen

Sehr beliebt sind auch Benefiz-Konzerte. Für Sie haben diese Konzerte einige Nachteile. Wenn Sie eine professionelle oder semi-professionelle Band engagieren, die bei Ihnen in der Region so bekannt ist, dass sie als Publikumsmagnet dient, kommen die Leute nicht zu Ihnen. Sie besuchen das nächste Konzert der Band XY, weil das letzte so toll war. Eine Identifikation mit Ihnen und dem gemeinnützigen

Projekt findet nicht statt. Ein zweites wichtiges Argument gegen solch ein Konzert sind die Vorlaufkosten. Selbst, wenn die Band auf die Gage verzichtet, haben Sie Kosten für den Raum, Sound- und Lichtanlage, Gema-Gebühren. Wenn Sie den Gästen nicht den gewohnten Standard an Technik und räumlicher Ausstattung bieten, werden Sie enttäuscht sein. Das ist nicht in Ihrem Interesse.

Es spricht nichts gegen ein unaufwändiges unplugged Konzert als Ausklang des Event-Tages. Ein solcher Ausklang kann auch eine kleine Theatervorstellung sein. Bei beiden gilt: Je enger der abendliche Ausklang mit der Thematik des Events verknüpft ist, desto besser. Das Abendprogramm soll keine Extraveranstaltung sein. Sie ist ein Teil des Ganzen.

Sehr viel Resonanz für Ihre Öffentlichkeitsarbeit bekommen Sie auf Eigenproduktionen, zum Beispiel ein Musical. Achten Sie auch hier darauf, dass das Thema den ganzen Abend erfasst. Bei einem Märchenmusical aus 1000 und einer Nacht haben schon die Eintrittskarten Arabesken, es gibt orientalische Leckereien zu essen, der Zuschauerraum ist in Blau-Gold getaucht, beim Ankommen läuft Bauchtanzmusik im Hintergrund und der Kartenabreißer, der Platzanweiser und das Orchester sind als Eunuchen und Sultane verkleidet. Auch hierbei können Sie mit thematisch passenden Merchandisingmaßnahmen Ihre Einnahmen deutlich aufbessern.

Bei einem Ritter-Rost-Musical gehören dementsprechend Ritterrüstungen am Eingang dazu, aber auch fantasievolle Vögel aus Eisenteilen im Zuschauerraum, Speisen, die nach den merkwürdigen Rezepten von Ritter Rosts Oma gekocht wurden, usw.

Natürlich können Sie auch zu ganz anderen Themen und Spielen Events entwerfen. Es wäre doch gelacht, wenn Ihnen zu Kirschkernen, Murmeln oder Kürbissen nichts einfiele!

158

Nachbereitung ist Vorbereitung

Die Vorbereitung Ihres Events im nächsten Jahr beginnt bereits einen Tag nach dem großen Ereignis. Ihr Event darf kein einmaliges Feuerwerk sein, das viel zu schnell abbrennt. Der Aufwand wäre viel zu groß. Fundraising ist eine langfristig angelegte Strategie. Ziel ist es, eine Tradition zu schaffen. Das verlangt kontinuierliche Arbeit. Deshalb beginnt die Planung für das nächste Jahr gleich jetzt.

Das Event vom nächsten Jahr beginnt jetzt

1. Auswertung des Tages

Das wäre geschafft! Einmal die Füße hochlegen und sich gegenseitig auf die Schultern klopfen. Wenn es wieder etwas ruhiger geworden ist und die letzten Reste weggefegt sind, sollte man sich die Zeit nehmen, einen systematischen Blick auf den Tag zu werfen.

Bauchbilanz am nächsten Morgen

- Wie fühlen Sie sich heute – ganz aus dem Bauch heraus?
- Was für Rückmeldungen haben Sie bekommen? Gab es Verbesserungsvorschläge von außen? Sammeln Sie Ihre Erfahrungen.
- Wie viele Menschen waren da? Welche Stimmung herrschte während des Events?
- Was hat welche Aktion eingebracht (Erlebnisse, Kontakte, Geld)?
- Hat alles geklappt, wie Sie sich das vorgenommen haben? Gab es ein »Loch« in der Organisation? Mussten Sie improvisieren? Wie erfolgreich haben Sie improvisiert?
- Haben Sie den zeitlichen und finanziellen Aufwand der einzelnen Aktionen richtig eingeschätzt? Müssen Sie die Aktionen für nächstes Jahr neu bewerten?

Wie kann man etwas schneller oder einfacher erreichen?
- Was ist Ihnen negativ aufgefallen?
- Fragen Sie Kinder und Bekannte, die nicht an der Planung beteiligt waren, wie ihnen was gefallen hat. Gibt es Vorschläge für das nächste Jahr?
- Sind Ihnen neue Ideen gekommen, an die Sie vorher gar nicht gedacht haben?
- Sammeln Sie die Zeitungsartikel über Ihr Event.

Halten Sie die Ergebnisse dieser Auswertung schriftlich fest. Heute können Sie sich das vielleicht nicht vorstellen, aber es kommt ein Tag, an dem Sie und alle Mitarbeiter sich nicht mehr so gut an alle Details erinnern. Dann ist es gut, wenn man den Ordner mit der Auswertung aus dem Regal ziehen kann. Das wird Ihnen im nächsten Jahr viel Arbeit ersparen.

2. Das Event am Leben halten

An schöne Erlebnisse erinnern

Halten Sie Ihr Event am Leben.

Eine Fotowand im Laden Ihres Sponsors und in Ihrem Kindergarten wird alle Gäste in den folgenden Wochen an die schönsten Momente erinnern und bei allen, die nicht gekommen sind, den Wunsch wecken, im nächsten Jahr zu kommen.

Lassen Sie die Fotowand aber nicht zu lange hängen. Die negative Wirkung von veralteten Pinnwänden und Fotowänden ist die Abstumpfung. Die müssen Sie auf jeden Fall vermeiden.

Die Siegerfotogalerie bleibt allerdings. Sie erinnert das ganze Jahr über an einen gelungenen Tag.

Eine Fotoreportage in den regionalen Zeitungen bringt Ihr Event in viele Haushalte, die Ihre Einrichtung bis dahin noch nicht bemerkt haben.

Der Preis der Sieger kann ebenfalls für längere Zeit an Ihre Veranstaltung erinnern. Um das Beispiel des Sonntags-Brötchen-Abos wieder aufzugreifen: Es ist sehr effektiv, diese Brötchen in einem ganz bestimmten Brötchenbeutel zu überreichen, zum Beispiel mit der Aufschrift »Für die größten Turmbauer der ganzen Stadt 2002« oder »Dem schnellsten Fahrer der Formel »Seifenkiste«.

3. Danksagung

Eigentlich ist es eine Selbstverständlichkeit. Aber nach dem Trubel des Events gerät es leider viel zu oft in Vergessenheit: das Bedanken. Das Bedanken ist ein sehr wichtiger Bestandteil des Fundraisings. Tragen Sie alle Punkte schon vorher in Ihren Terminkalender ein.

Bedanken ist elementar

Danke-Sagen im Terminkalender eintragen

■ Schreiben Sie gleich in der Woche nach dem Event eine Dankeskarte an die Großspender, die Sponsoren und die freiwilligen Helfer. Verfassen Sie die Karte handschriftlich. Sparen Sie nicht am Briefumschlag.

■ Laden Sie die freiwilligen Helfer in den nächsten 14 Tagen zu einem gemütlichen Beisammensein mit nettem Essen zu sich in den Kindergarten ein. Nutzen Sie die Chance, um Danke zu sagen und ein Feedback zu bekommen. Sie haben kleine Präsente für die Helfer vorbereitet.

■ Bedanken Sie sich bei den Kleinspendern. Nutzen Sie dazu Ihre Pressearbeit und entwerfen Sie einen Dankaushang. Den Aushang hängen Sie in Geschäften und an öffentlichen Info-Brettern auf.

Nach der Verwirklichung Ihres Projekts sagen Sie erneut Danke und zeigen Sie, was die Spender ermöglicht haben:

■ Sie laden die Großspender, Sponsoren und freiwilligen Helfer ein, das umgesetzte Projekt zu besichtigen.

■ Erstellen Sie eine kleine Ausstellung über das Projekt, um die Kleinspender zu erreichen. Die Ausstellung können Sie im Rathaus, in der Sparkasse oder im Kindergarten zeigen. Laden Sie die Lokalreporter zur Vernissage ein.

■ Sie können auch einen Tag der offenen Tür veranstalten, um sich bei allen Kleinspendern zu bedanken und ihnen zu zeigen, was sie ermöglicht haben.

Unabhängig vom Projekt:

■ Laden Sie alle Großspender, Sponsoren und freiwilligen Helfer mindestens zu öffentlichen Kindergartenfesten ein, eventuell auch zu anderen Festen.

- Denken Sie an die Weihnachtskarten für alle Großspender, Sponsoren und freiwilligen Helfer.
- Auch wenn eine Person ein Jahr Pause damit macht, Ihre Arbeit zu unterstützen, streichen Sie sie nicht aus Ihrer Adressenkartei für die Weihnachtskarten und Einladungen.

4. Berichterstattung und Durchführung des Projekts

Spendern Rückmeldung geben

Nach so einem großen Ereignis ist es nur zu verständlich, wenn man es in der Zeit danach etwas ruhiger angehen lassen will. Aber lassen Sie sich nicht zu viel Zeit damit, das Projekt umzusetzen. Die Menschen sollten noch frische Erinnerungen an einen schönen Nachmittag haben, wenn Sie Ihr Projekt in Angriff nehmen.
Dokumentieren Sie jeden Schritt der Durchführung des Projekts mit Fotos.
Informieren Sie im Kindergarten, im Laden des Sponsors und in der Presse über das, was Sie durch das Fundraising verwirklichen konnten. Vielleicht machen Sie auch eine Fotoausstellung des Events und des Projekts für das Rathaus oder die Sparkasse.

5. Auswertung der Fundraising-Aktion

Aufwand und Effekt

Nach der Realisierung des Projekts ziehen Sie Bilanz der gesamten Fundraising-Aktion. Planen Sie dafür einen festen Termin im Kalender ein. Auf gar keinen Fall darf dieser Punkt im Alltag verlorengehen.

- Sind Sie zufrieden mit der Aktion? Hat sie Ihnen Spaß gemacht?
- Was haben Sie erreicht? Bilanzieren Sie die Einnahmen, die Kontakte, die entstanden sind, und die Rückmeldungen.
- Wie hat die Aktion die Lage der Kinder verbessert?
- Haben Sie Ihr Ziel erreicht?
- Wieviel Geld und Arbeitszeit mussten Sie investieren?
- Wie ist das Verhältnis von Aufwand und Effekt?
- Welche Abläufe lassen sich verbessern und wie?

Halten Sie die Antworten auf diese Fragen schriftlich fest.
Setzen Sie sich auch mit Ihrem Sponsor zusammen und werten Sie die Aktion gemeinsam aus. War er zufrieden mit der Zusammenarbeit? Halten Sie fest, was Sie im nächsten Jahr besser machen wollen. Im besten Falle vereinbaren Sie auch für das nächste Jahr eine Zusammenarbeit.

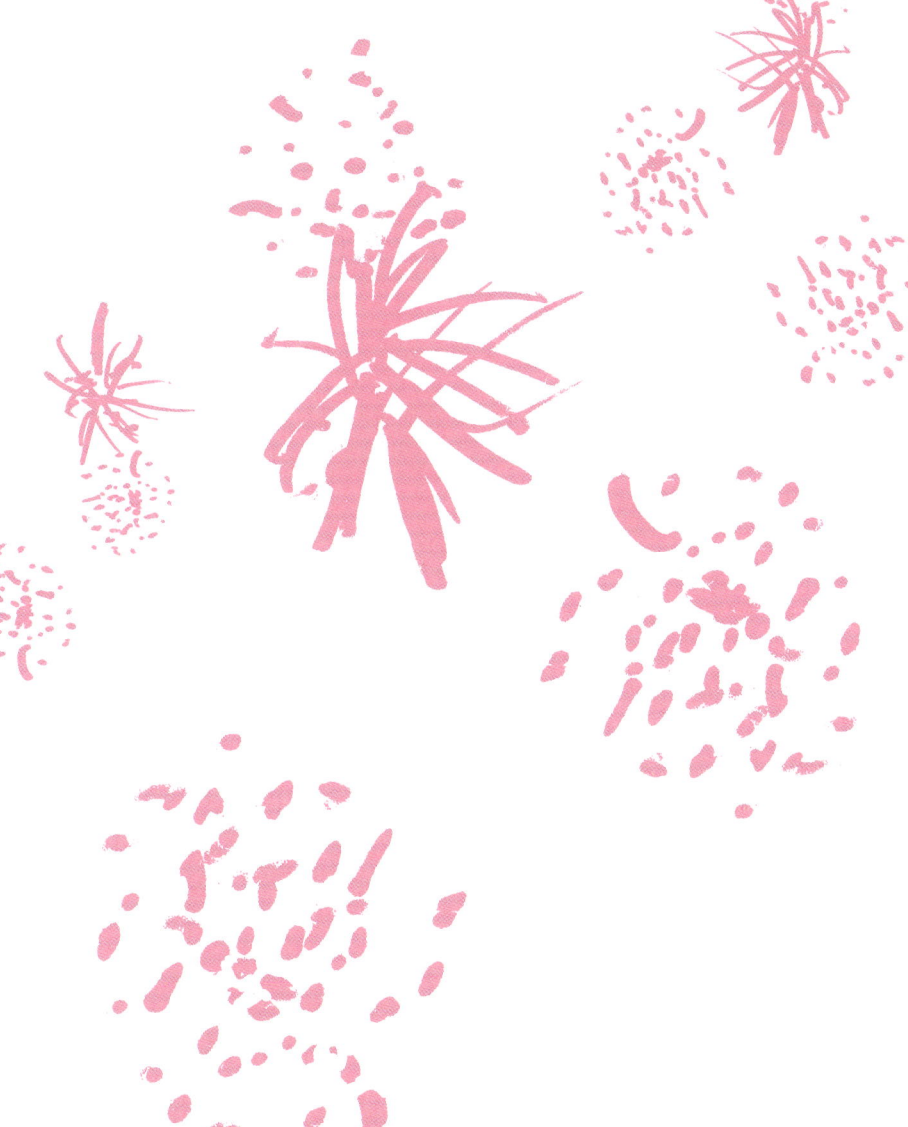

Einnahmemöglichkeiten
auf einen Blick

Sie planen ein Projekt und möchten die Menschen Ihrer Zielgruppe dafür begeistern. Um das zu erreichen, führen Sie ein Fundraising-Event durch.

Schon im Vorfeld ist durch die Plakate, die regionale Medienbericht-erstattung und vor allem durch die Mund-zu-Mund-Propaganda das Event und Ihr Projekt ein Gesprächsthema bei Ihrer Zielgruppe. Sie wecken Interesse an Ihrer Arbeit.

Das Event wird ein großes Ereignis. Ganze Familien erleben bei Ih-nen einen ausgesprochen schönen Nachmittag und Abend. Sie schaffen eine Vielzahl unvergesslicher Erlebnisse, an die sich viele Leute gern erinnern. Sehr viele Kontakte entstehen. Sie führen aus-führliche Gespräche in netter Atmosphäre. Sie bekommen viel Aner-kennung für Ihre Arbeit.

Mit Fotos des Tages, Merchandising-Artikeln und den Preisen, die es zu gewinnen gibt, tragen Sie diese Erinnerungen in den Alltag Ihrer Zielgruppe. Dort erreichen Sie positive Emotionen und Assoziationen mit Ihrem Kindergarten. Das Image wird verbessert.

Viele Helfer haben sich für Ihren Kindergarten engagiert. Sie haben viele Arbeitsstunden gespendet. Neue Kontakte zu Freiwilligen konn-ten entstehen. Sie unterstützen Ihre Arbeit auf Dauer.

Kontakte zu möglichen Sponsoren entstehen, die Ihren Kindergarten in Zukunft unterstützen. Nicht zuletzt haben Sie genug Geld einge-nommen, um Ihr Projekt zu verwirklichen.

Sie haben Geld eingenommen bei:

- Startgeldern, Loseinnahmen,
- der Bewirtung der Gäste,
- dem Verkauf von Erinnerungsfotos,

Interesse
Anerkennung
Image
Unterstützung
Kontakte
Geld

165

- dem Verkauf von Merchandising-Artikeln,
- beim Groschenglas-Tippen,
- dem Verkauf oder Verleih von Jubelmaterialien und bei anderen Workshops,
- einer Versteigerung,
- dem Basar,
- Spenden.

Bei aller Finanznot müssen Sie immer berücksichtigen, dass Sie Ihre Gäste nicht ausnehmen. Eine Familie mit drei Kindern sollte sich den Besuch bei Ihnen leisten können.

Ich will Fotos haben

Wenn Sie beim Lesen dieses Buches Lust bekommen haben, ein Fundraising-Event auf die Beine zu stellen, würde mich das sehr freuen; ob Sie nun ein Event aus der Ideensammlung nehmen, es variieren oder zu einer ganz anderen Idee angeregt werden.

Bitte teilen Sie mir mit, wann und wo Sie Ihr Event veranstalten. Schicken Sie mir auf alle Fälle Fotos davon. Das würde mir bei meiner Arbeit sehr helfen. Vielleicht erscheint eines Ihrer Fotos dann auf den Seiten von www.jeronimo.net.

Für Rückmeldungen erreichen Sie mich unter der E-Mail-Adresse m.gries@jeronimo.net.

Adressen und Literatur

Zum Thema Fundraising:
Bücher:
Marita Haibach:
Handbuch Fundraising. Spenden, Sponsoring,
Stiftungen in der Praxis
Campus-Verlag, 1998
ISBN: 3593360128

Christa Zeller:
Sozial-Sponsoring. Gewinnbringende Zusammenarbeit
zwischen Kitas und Unternehmen
Don Bosco-Verlag, 2001
ISBN: 3769812395

Im Internet:
www.jeronimo.net
Meine Homepage: Seminare zu Fundraising,
Öffentlichkeitsarbeit und Kindertageseinrichtungen als
Dienstleistung.

www.sozialmarketing.de
Homepage der Bundesarbeitsgemeinschaft Sozialmarketing –
Deutscher Fundraising-Verband

Zum Thema Öffentlichkeitsarbeit:
Bundesvereinigung Kulturelle Jugendbildung e.V. (Hrsg.):
Öffentlichkeitsarbeit – Pressearbeit, Marketingkommunikation
und Sponsoring für Verbände, 2000
Erhältlich beim BKJ in Remscheid

Zum Thema Spielregeln:
Tom Werneck: Leitfaden für Spieleerfinder, 1997
Otto Maier Verlag, erhältlich beim Ravensburger
Spieleverlag

Im Internet:
www.s-a-z.de
Homepage der Spieleautoren-Zunft

Zum Thema Seifenblasen:
Bettina Grabis, Günter W. Kienitz:
Das supertolle Seifenblasen-Buch
Moses-Verlag,1999
ISBN: 3897770024

Zum Thema Papierflugzeuge:
Ken Blackburn (Weltmeister im Papierflug),
Jeff Lammers: Papierflieger für Kids
Könemann-Verlag, 1999
ISBN: 3829027664

Im Internet:
www.workman.com//fliersclub/dl_wr_inst.html
Bauanleitung zu Ken Blackburns Rekordflugzeug (englisch)

www.geocities.com/CapeCanaveral/1817/
Homepage von Ken Blackburn (englisch)

www.familie-u.de/html/papierflieger.html
Viele sensationelle Papierflieger-Faltanleitungen

Zum Thema Sandburgen:
Im Internet:
www.harrisand.org
Homepage der Sandskuplturen Weltmeisterschaft (englisch)

www.sandcastlecentral.com
Alles über Sandburgen: Tipps, Werkzeuge und Wettbewerbe
(englisch)

www.sandskulpturen.ch
Seite des Sandskulpturen-Festivals in Rorschach
am Bodensee

Zum Thema Gummienten:
Im Internet:
www.goettinger-entenrennen.de
Hier gibt es eine Übersicht über fast alle
Gummientenrennen in Deutschland.

www.duck-race.de
Homepage der Agentur für Fundraising-Events
Maass und Partner
www.duckrace.com
Amerikanische Homepage der Lizenzgeber

Adressen:
Sie können bei den Veranstaltern des Göttinger
Entenrennens Rest-Enten erwerben:
Carré-EKZ - Verwaltung
Weender Str. 75
37073 Göttingen

Bei Maass und Partner bekommen Sie kleine
Gummitierchen speziell für Lotterien auf dem Wasser,
zum Beispiel Gummitigerenten:
Maass und Partner consulting GmbH
Wiegenkamp 33
46414 Rhede

Abbildungsverzeichnis

Umschlagfoto:
Emilio Ereza, Mauritius - Die Bildagentur GmbH

Kinderzeichnungen:
Seite 2, 12/13
Stefanie Heidenreich

Seite 10/11,14/15, 68/69, 162/163, 166/167,170/171
Paul Heidenreich

Seite 164/165
Max Heidenreich

Seite 4, 36/37, 156/157, 158/159, 168
Jakob Heidenreich